Ulli Quais

Von der *Un*nötigkeit des *Un*glücklich-seins

NEUE ERDE

Bücher haben feste Preise.
1. Auflage 2016

Ulli Quaiser
Von der Unnötigkeit des Unglücklichseins

Umschlaggestaltung: Dragon Design, Elbe

Satz und Gestaltung:
Dragon Design, Elbe
Gesetzt aus der Sabon

Gesamtherstellung: Appel & Klinger, Schneckenlohe
Printed in Germany

ISBN 978-3-89060-683-5

Neue Erde GmbH
Cecilienstr. 29 · 66111 Saarbrücken
Deutschland · Planet Erde
www.neue-erde.de

MIX
Papier aus verantwortungsvollen Quellen
FSC® C100257

Als ich zur Schule ging, wurde ich gefragt,
was ich werden möchte, wenn ich groß bin.
Ich antwortete: »Glücklich.«
Sie sagten mir, dass ich die Frage nicht verstanden hätte,
und ich sagte ihnen, dass sie das Leben nicht verstanden
hätten.

anonymus

Inhalt

Über dieses Buch

Wir Menschen hier in Deutschland gehören einer Minderheit an. Es sind gerade einmal 5 % der gesamten Weltbevölkerung, die den höchsten materiellen Wohlstand genießen. Wir gehören zu dieser kleinen Gruppe. 95 % der Menschen auf dieser Welt geht es in puncto Wohlstand schlechter, dem allergrößten Teil davon erheblich schlechter als uns. Gleichzeitig liegen wir mit den Themen Depression, Krebs, Herz-Kreislauf-Erkrankungen und der Selbstmordrate weltweit ganz weit vorne! Ist das nicht paradox? Es scheint eindeutig ein Zusammenhang zu bestehen zwischen dem Grad des Wohlstandes einer Gesellschaft und der Häufigkeit von Selbstmorden, Depressionen und so weiter. Offenbar geht es den Menschen mit zunehmendem Wohlstand in gewisser Weise immer schlechter. Ich werde im Folgenden erörtern, woran dies liegen mag, um dann festzustellen, dass der geschilderte Zusammenhang keineswegs paradox ist.

Es ist zum einen unsere moderne wissenschaftliche, aufgeklärte und ent-spiritualisierte Weltsicht (seit etwa 100–150 Jahren), auf die wir ach so stolz sind, die hier einen großen Anteil hat. Die Art, wie wir die Welt betrachten, ist eine kalte und mathematisch-technische, mit krasser Überbetonung des Intellekts. Wir analysieren die Materie bis in die Atomkerne und denken, dies sei alles, was erfahrbar ist. Das ist eine sehr einseitige Weltsicht – so sieht man auch leider immer nur die Hälfte der Wahrheit. Zum anderen wird der Mensch seit Urzeiten als ein »Suchender« geboren. Es ist seine Bestimmung, mutig seinen Weg zu gehen, in der Gewissheit, dass ihm nichts Schlimmeres widerfahren kann als der Tod, und dies empfand der Mensch anderer Zeitalter nicht als Katastrophe, nicht als das Ende seiner Existenz. Denn er wusste, dass der Tod nicht das Ende ist, er wusste um die Rückbindung zum Urgrund, er hatte das Urvertrauen, das uns heute fast völlig abhanden gekommen ist. Alexander Lowen, der Begründer der Bioenergetik, hat es sehr schön auf den Punkt gebracht: *Erst wenn wir die Angst vor dem Tod verlieren, haben wir auch keine Angst mehr vor dem Leben.*[1] Wir sind so stolz auf unseren heutigen Sozialstaat mit Rentenversicherung, Zusatzversicherung, Arbeitslosengeld, Arbeitsunfähigkeitsversicherung und so weiter, aber diese »Sicherheit« tut uns überhaupt nicht gut. Ich möchte hier Herbert Fritsche zitieren, der es wie folgt formuliert: *Der Mensch ist der grundsätzlich ins Wagnis Gesandte. Das Scheitern schadet ihm weniger als das vermeintliche Abgesichertsein.*[2] Wir sollten uns weniger um die Höhe unserer Rente kümmern, dafür um so mehr um die Entwicklung unserer Seele.

Wenn wir lernen, wieder mutig zu sein, weil wir wissen, dass uns nichts passieren kann in dieser Welt, ist der wichtigste Schritt getan. Wenn wir aufhören, den Tod zu negieren, ihn wegzuschieben, so zu tun, als gäbe es ihn nicht, wenn die Ärzte auf den Intensivstationen aufhören zu versuchen, ihn zu betrügen, dann werden wir auch weniger Depressionen haben. Wir müssen uns mit allen Seinsbereichen bewusst auseinandersetzen, nicht nur mit den hellen, lichten und schönen Seiten des Lebens, und alles bewusst erleben, was dem Menschen zu erleben möglich ist. Dann tragen wir weniger Schatten mit uns (der Begriff »Schatten« wird später noch eingehend erläutert) und kommen dem Ziel des Menschseins näher. Das Ziel ist, wieder heil zu werden. Dies bedeutet, alle Schattenbereiche zu durchlichten und die vermeintlichen Gegensätze unserer Welt in uns selbst zu vereinen.

Wenn wir lernen, wieder mutig zu sein, ist der wichtigste Schritt getan.

Der Welt von heute fehlt noch etwas Entscheidendes: die Liebe. Es wäre schön, wenn die Menschen wieder lieben lernen. Nicht nur die Ehefrau, den Liebhaber, den Lebenspartner, die Freundin, unsere Kinder – das können wir noch ganz gut. Nein, unsere uns unbekannten oder wenig bekannten Mitmenschen könnten etwas liebevolle Aufmerksamkeit dringend gebrauchen. Wenn man sich von jemandem schlecht oder ungerecht behandelt fühlt, sollte man einmal versuchen, dem Impuls, sich zu wehren, sofort Kontra zu geben, zurückzuschlagen und dergleichen nicht nachzugeben, sondern vielmehr darüber nachdenken, warum der andere so agiert. Er hat definitiv seine Gründe. Er ist nicht schlecht oder böse. Hass ist immer Unkenntnis! Es gibt nichts per se Böses auf dieser Welt.

Wenn ich mir die Mühe mache, denjenigen kennenzulernen, auf den ich gerade meinen Hass projiziere, werde ich seinen Standpunkt nachvollziehen können. Es ist geradezu lächerlich, in welchem Maße heute die Gerichte bemüht werden, etwa wegen eines Apfelbaums, dessen Äste 10cm zu weit auf des Nachbars Grundstück reichen. Die Nächstenliebe ist es, die uns sehr viel weiter bringen würde.

Der Weg, den ich anzubieten habe, ist nicht leicht. Ich bin ihn gegangen, denn ich musste ihn gehen (und gehe ihn noch immer), weil sonst mein Leben in meinem 39. Lebensjahr zu Ende gewesen wäre. Sehr lange habe ich gebraucht, um zu erkennen, wie existentiell wichtig es ist, mutig zu sein in unserem Leben. Im zweiten Teil des Buches beschreibe ich meinen persönlichen Weg. Wir Menschen nehmen leider sehr ungern freiwillig Strapazen und Anstrengungen auf uns. Erst wenn wir durch unser Leid gezwungen werden, wenn es unerträglich groß geworden ist, raffen wir uns auf. Und das ist oft sehr spät, zu einem Zeitpunkt, an dem wir vielleicht bereits eine lange Zeit in Leid und Unglück verbracht haben, vielleicht unheilbar krank oder verbittert sind. Ich möchte dazu ermutigen, den Weg früher und freiwillig anzutreten.

Alle Menschen, die in sich das Gefühl verspüren, dass etwas fehlt, die sich vom Leben schlecht behandelt fühlen, die denken, dass das Leben doch mehr zu bieten haben muss, die auf der Suche nach dem Sinn sind – all diejenigen sind hier angesprochen, durch dieses Büchlein vielleicht einen Anstoß zu bekommen, um später, in nicht allzu ferner Zukunft, die Großartigkeit unserer Existenz zu begreifen.

Warum schreibe ich dies?

Ich halte es für ungemein wichtig, aufzuzeigen, dass unsere Gesellschaft sich in einer Entwicklung befindet, die zu immer mehr Leid und Unzufriedenheit führt. Die Menschen gehen so sehr im Tun auf, dass sie das eigentliche Sein zu vergessen scheinen – sie entfernen sich immer weiter von ihrem inneren Selbst. Ich möchte gerne dazu beitragen, hier ein Umdenken anzustoßen, es ist allerhöchste Zeit! Außerdem kann ich nicht anders. Ich habe das starke Bedürfnis, meinen Lebensweg (insbesondere die großen Probleme auf diesem) und meine Erkenntnisse niederzuschreiben. Es ist ein Verlangen, eine Aufgabe, so als wäre es mir aufgetragen worden – aber ganz ohne Zwang.

Ein erstes Umdenken in meinem Leben fand im Frühjahr 1999 statt, zu diesem Zeitpunkt war ich 31 Jahre alt und befand mich an einem beruflichen Wendepunkt. Ich hatte an einem frühen Morgen (ich war ausgeschlafen und ohne Einfluss von Medikamenten, Drogen oder Alkohol) eine Epiphanie, eine Gottesbegegnung, das direkte Erleben des Gottesbewusstseins oder auch, wie indische Yogis es bezeichnen, ein *Samadhi*. Ich beschreibe es später noch genauer. Nur soviel vorweg: Es war das unglaublichste, schönste und phantastischste Erlebnis, das du dir vorstellen kannst. – Nein, das stimmt nicht: Du kannst es dir nicht vorstellen, wenn du es nicht erlebt hast! Ich bin unendlich dankbar dafür. Seitdem bin ich nicht mehr derselbe Mensch, der ich vorher war. Vor meinem *Erwachen*, wie ich es gerne nenne, war ich ein sehr rationaler, wissenschaftsgläubiger, allem Spirituellen gegenüber skeptischer Mensch. Auf dem Papier war ich Katholik (und bin es immer noch), aber von meiner Überzeugung her Atheist. Ich war der festen Ansicht, alle Glaubensdinge, alle Religionen seien die Erfindung der Menschen, um besser mit ihren Ängsten zurechtzukommen, und einige skrupellose Leute nutzen diese Ängste, um die Menschen gefügig zu machen.

Gegenüber dem Atheisten und dem Agnostiker, dessen Haltung ja in etwa lautet: »Kann sein oder kann auch nicht sein. Nichts genaues weiß man nicht«, habe ich nun einen Erkenntnisvorsprung: Ich weiß durch mein Erlebnis, dass es außer unserem Diesseits auch ein Jenseits gibt. Ganz egal, ob wir es Gott, Allah, die Einheit, Nirvana oder das kosmische Bewusstsein nennen, es existiert! Und wir Menschen haben eine unsterbliche Seele, die dorthin zurückkehrt, wenn unser irdisches Leben endet. Wir dürfen durch die Fehlerhaftigkeit der Kirchen und die in ihrer Tiefe schwer zugänglichen Religionen nicht den Glauben an sich in Frage stellen. Die Kirchen sind von Menschen gemacht, und hier ist Tür und Tor immer offen für Manipulation, Machtmissbrauch und so weiter. Die christliche Kirche hat durch ihre Intoleranz und Einseitigkeit, durch den Gedanken, man müsse nur das (vermeintlich) Gute tun und das (vermeintlich) Böse lassen,* unglaublich viel Schatten angehäuft, der dann über sie hereinbrechen musste (die nicht gelebten Seinsbereiche brechen irgendwann durch). Und so ist sie verantwortlich für Völkermord, Inquisition, Hexenverbrennung und sexuellen Missbrauch. Das ist schrecklich – aber wir müssen das Große sehen, die eine Wahrheit, welche seit Urzeiten dahintersteht. Deswegen ist auch aller Streit zwischen den Religionen obsolet, es gibt nur eine Wahrheit und auch nur einen Weg für alle Menschen. Es ist immer der Weg aus dem »Unheil« zum »Heil«.

Wir haben als Menschen, egal ob Christ, Hindu, Moslem, Jude, Buddhist oder Atheist, die Aufgabe, wieder zurückzufinden in die Einheit, aus der wir einst gekommen sind.

Wir haben als Menschen, egal ob Christ, Hindu, Moslem, Jude, Buddhist oder Atheist, die Aufgabe, durch die Wirrnisse und Verstrickungen in unserem Leben wieder zurückzufinden in die Einheit, aus der wir einst gekommen sind.

Da ich das sichere Gefühl habe, zumindest einen Teil dieses Weges, der für uns alle zunächst einmal verborgen ist, kennengelernt zu haben, möchte ich diese Erkenntnisse gerne weitergeben.

* Über die missverstandenen Begriffe »Sünde« und »Schuld« siehe Kapitel 14

Meine Absicht ist es aber keinesfalls zu missionieren. Dies ist auch ein Kritikpunkt an den Kirchen, die immer alle und jeden bekehren möchten. Jeder ist auf seinem eigenen Bewusstseinsstand. Du musst die nötige Resonanz verspüren, dass dieses Thema gerade jetzt eine Relevanz für dich besitzt. Wenn du dieses Buch in der Hand hast, kurz querliest, den Anfang liest und es dich spätestens jetzt nicht wirklich interessiert, dann lege es wieder hin und kaufe es nicht. Es ist (noch) nicht dein Thema, in deinem Leben stehen zunächst andere Aufgaben an.

Wer weiterlesen möchte, den erwartet die Skizzierung eines Weltbildes, eine Art, die Welt zu betrachten, wie sie heute nicht mehr üblich ist. Aber hüte dich vor dem Irrglauben, wir wüssten heutzutage mehr oder besser bescheid als vor Jahrhunderten. Es ist uns vielmehr in dieser modernen Gesellschaft sehr viel Weisheit verlorengegangen! Im ersten Teil finden sich außerdem eine Reihe von Anregungen und Ratschlägen, wie wir es schaffen, in unserer hektischen, schnellen Welt zur Ruhe zu kommen und unter anderem durch eine Veränderung der Prioritäten auch mehr Freude in unser Leben zu bringen. Natürlich sind viele der Dinge und Zusammenhänge, von denen ich berichte, bereits an anderer Stelle veröffentlicht worden; diese Wiederholungen sind allerdings für ein abgerundetes Gesamtbild unerlässlich. Im zweiten Teil des Buches erzähle ich hauptsächlich von ganz persönlichen und einschneidenden Erlebnissen auf meinem Weg – für wichtige Veränderungen in meinem Leben waren einige Lebenskrisen notwendig! Die Einsichten und Erkenntnisse (ich sehe und erkenne es jetzt), die ich aus der Wiederentdeckung der alten Weisheiten und aus meinen persönlichen Erlebnissen in den letzten 16 Jahren gewonnen habe, stehen dann im dritten Teil im Vordergrund. Dieser bildet auch den inhaltlichen Schwerpunkt.

Mein Büchlein ist als Einstiegslektüre gedacht, als ein Einstieg zur Entdeckung beziehungsweise Wiederentdeckung der Themen Spiritualität und Eigenverantwortung. Das anhängende Literaturverzeichnis darf und möchte gerne als Anregung zur Vertiefung der angesprochenen Themen genutzt werden.

Anmerkungen

Ich werde in diesem Buch, wann immer ich die Leserinnen und Leser anspreche, konsequent auf das Sie verzichten. Dies sei bitte nicht als Respektlosigkeit zu verstehen. Vielmehr bin ich der Überzeugung, dass ein freundliches Du viel leichter den Weg in das Herz des Lesers findet, als ein distanziertes Sie.

Auch werde ich nicht »gendern«. Leserinnen, die hierauf Wert legen, bitte ich um Nachsicht. Es stört einfach den Lesefluss erheblich, wenn immer die männliche und weibliche Form ausgeschrieben wird.

Noch ein wichtiger Hinweis: Dieses Büchlein stellt eingefahrene Sichtweisen der Menschen unserer heutigen Welt radikal in Frage und behandelt auch explizit die (gerne gemiedenen) Themen Angst und Tod. Die Lektüre kann (und sie soll es auch!) aus diesen Gründen aufwühlend und zunächst auch beunruhigend sein.

Teil I

Oh yes, it hurts. Of course it hurts.
– But I tell you boy: Pain is good for you sometimes! *

Deen Castronovo
(Profi-Drummer, in einem Lehrvideo für Schlagzeuger)

* Oh ja, es tut weh. Natürlich tut es weh.
Aber ich sag dir was: Manchmal ist Schmerz auch gut für dich!

1
Erwachsensein – wann bin ich eigentlich erwachsen?

Die Kindheit ist in der Regel eine schöne Zeit. Wir leben in einer »heilen Welt«, wir müssen keine Verantwortung tragen, die Eltern sorgen für uns... Im Laufe der Jahre kommt dann irgendwann der Zeitpunkt, an dem wir anfangen sollten, selbst Verantwortung zu übernehmen. Wir erkennen, dass im Leben auch Gefahren auf uns lauern, dass wir auf der Hut sein müssen. Es ist eine Zerstörung des »Heile Welt-Bildes« gefordert. Und dies macht niemand gerne oder freiwillig. Aus diesem Grund gab es in früheren Kulturen auch die sogenannten »Initiationsriten«, in denen die Kinder in das Erwachsenendasein eingeführt wurden. Man nannte es auch die zweite Geburt. Das war, aus unserer Sicht, schon sehr brutal: In diesen Riten wurden die Jugendlichen, unter fachkundiger Anleitung, einer realen Todesgefahr ausgesetzt. Sie mussten den Tod konfrontieren und dem »Urgrauen« entgegentreten! (Wer macht das schon freiwillig?) Wenn man gezwungen ist, dem Tod so nahe zu kommen, ihm genau ins Gesicht zu schauen, empfindet man augenblicklich und sehr intensiv das Bewusstsein der unsterblichen Seele – und die Angst vor dem Tod verliert sich vollständig! Diese

Jugendlichen waren anschließend keine Kinder mehr, sondern im wahrsten Sinne des Wortes »Er-wachsene«. Erwachsene, die sich in Zukunft mutig den Gefahren des Lebens stellten und vor Herausforderungen nicht zurückschreckten.

In unserem modernen Sozialstaat tun wir uns sehr schwer mit dem Erwachsenwerden. Was heißt das nun genau? Werden wir später erwachsen als in anderen Kulturen zu früheren Zeiten? Wann genau? Die Antwort ist: Ein großer Teil der Menschen in unserer Kultur wird überhaupt nicht erwachsen. Die Initiationsriten fehlen uns schmerzlich. Thorwald Dethlefsen spricht in diesem Zusammenhang von einer »Kinderkultur«.[3] Wir sind eine Gesellschaft von lauter Kindern unterschiedlichen Alters. Zu keiner Zeit, weder freiwillig alleine noch unter Anleitung, schauen wir dem Tod ins Auge, konfrontieren wir uns mit dem Urgrauen. Wir halten ängstlich an der Vorstellung einer Heilen Welt fest. Wenn man krank wird, dann schreit man nach einem Arzt, der dies bitte sofort wieder zu richten hat (und ich muss ihn, dank Krankenversicherung, noch nicht einmal bezahlen). Denn in der heilen Welt habe ich ja einen Anspruch darauf, gesund zu sein. Unerhört, dass dies jetzt gerade nicht der Fall ist. Bin ich mit der Tätigkeit des Arztes nicht zufrieden, kann ich diesen sogar verklagen, und neuerdings liegt (unter bestimmten Bedingungen) die Beweislast beim Arzt, dass er keinen Fehler begangen hat!

> Diese »Vollkasko-Mentalität« ist absolut widernatürlich. Wir verhalten uns meist wie verwöhnte Kinder.

– Oh verkehrte Welt, diese »Vollkasko-Mentalität« ist absolut widernatürlich. Wir verhalten uns meist wie verwöhnte Kinder. Wir glauben, wir können per se schön, reich, gesund und glücklich sein, ohne selbst etwas dafür tun zu müssen! – Stellen wir uns einen Mann vor, der im Winter zu Hause vor seinem Kamin sitzt. Er beschwert sich nun lautstark, dass es kalt ist, obwohl er genau weiß, dass er noch kein Holz geholt, es noch nicht kleingemacht und im Kamin noch nicht angezündet hat! Dies beschreibt in etwa die völlig überzogene Anspruchshaltung vieler Menschen in unserem Kulturkreis.

Dazu gesellt sich noch ein übertriebenes Sicherheitsdenken. Alles in unserem Leben muss »abgesichert« werden. Da klagen Freunde darüber, dass sie zu wenig Geld haben, obwohl sie einem guten Beruf nachgehen, der sicherlich gut bezahlt wird. Auf Nachfragen stellt sich dann heraus: Sie geben beinahe die Hälfte ihres Verdienstes für diverse Absicherungsmaßnamen aus wie beispielsweise Lebensversicherungen, Privatrenten und vieles mehr. Autos haben heutzutage 27 Airbags und etliche elektronische Helferlein, die Unfälle verhüten oder deren Folgen mildern sollen. Es gibt bereits Fahrzeuge, die selbst entscheiden, bei Bedarf eine Vollbremsung zu machen! Bei mir schleicht sich hier ein sehr unangenehmes Gefühl von Fremdbestimmtheit ein. (Außerdem könnte man einmal darüber nachdenken, welches Sicherheitsrisiko diese Fahrzeuge vermutlich bergen, wenn sie älter werden und die komplizierte Elektronik anfängt zu spinnen...) Wir müssen uns klarmachen, dass wir durch diese Absicherungsbemühungen nur immer ängstlicher werden. Und es passiert noch etwas Entscheidendes: Wir verlieren dabei unsere Freiheit. Freiheit und Sicherheit schließen sich gegenseitig aus! Man kann es auch noch anders formulieren: Schwingung oder Rhythmus ist Leben – Stillstand ist Tod. Und je mehr Sicherheit wir in unser Leben bringen möchten, um so mehr bremsen wir die Schwingung des Lebens ab.

Zurück zum Erwachsenwerden: Die Aspekte des Kindseins, die in das Erwachsenenalter mitzunehmen uns sehr gut täte, vergessen wir leider viel zu schnell. Es sind dies: mit offenen Augen durch die Welt gehen, ehrlich sein, Gefühle zeigen, neugierig sein, keine Vorurteile haben und vieles mehr. Die Aspekte, die in der Pubertät sterben sollten (die früher in den Initiationsriten auch tatsächlich getötet wurden), nehmen wir leider viel zu lange mit, manchmal bis ins Greisenalter: die Heile Welt-Vorstellung, das Behütet-sein-Wollen, das Ängstlich-Sein und vieles mehr. Bereits 1955 beklagt Hermann Weidelener in dem Aufsatz »Empörerschicksal« die Wandlung unserer Gesellschaft zum Kleinbürgerlichen und Ängstlichen: »Der kommende Heros stürzt sich nackt in die Wildnis, fordert die Mächte des Daseins heraus. Er muss gar nicht erst preisgegeben werden, er setzt sich selbst aus. Denn er besitzt die Tugend, die der Menschheit von heute verlorengegangen ist, den Mut, der unweigerlich mit dem Herzen verknüpft ist und den wir heute ersetzt haben durch die kluge Intelligenz unseres Gehirns, von der wir glauben, dass sie uns des Mutes entheben könnte. Und wie bitter werden wir enttäuscht und im Leben dafür bestraft!«[4]

> Die Welt ist nicht heil, sonst wären wir alle ja bereits am Ziel des Menschseins angekommen!

Die Welt ist nicht heil, sonst wären wir alle ja bereits am Ziel des Menschseins angekommen! Wir müssen auch nicht versuchen, aus dieser Welt eine heile Welt zu machen (wir werden dies ohnehin nicht schaffen). Es gilt, diese Welt zu überwinden. Wir müssen uns damit konfrontieren, dass wir zu jeder Stunde unseres Lebens mit dem Tode bedroht sind. Und kein Sozialstaat, Arzt oder Krankenhaus kann uns davor schützen. Nur dann ist es möglich, einen mutigen Weg zu gehen. Im Rückblick auf mein bisheriges Leben bedauere ich eigentlich nur eines: Dass ich erst so spät erkannt habe, wie wichtig es ist, mutig zu sein. So gesehen, würde ich sagen, ich bin erst seit etwa fünf Jahren wirklich erwachsen. Also ungefähr seit meinem 43. Lebensjahr.

Allerdings wusste ich bereits als kleines Kind: Mutig sein ist extrem cool! Ich war sehr früh in meinem Leben absolut von dem Thema Raumfahrt fasziniert. Meine größten Helden waren (und sind es noch immer) jene zwölf Amerikaner, die auf dem Mond spazierengegangen sind. Ich habe als knapp Zweijähriger am 21. Juli 1969 um drei Uhr nachts vor dem Fernseher gesessen und beobachtet, wie Neil Armstrong seinen Fuß auf den Mond setzte. Daran kann ich mich selbstverständlich nicht mehr erinnern, aber es hat möglicherweise bereits diese Faszination ausgelöst. Die Apollo-Missionen Ende der 60er bis Anfang der 70er Jahre waren nicht nur mutige Unternehmungen – in Anbetracht des Standes der Technik zu der Zeit sind sie geradezu als tollkühn zu bezeichnen. Man muss sich das einmal vorstellen: Selbst wenn der Start der riesigen »Saturn 5« Rakete klappt, wenn der Flug zum Mond ohne Zwischenfälle verläuft, wenn die Landefähre tatsächlich sicher auf der Mondoberfläche aufsetzt... Dann stehen da zwei Menschen, Kinder des Planeten Erde, auf diesem kleinen, felsigen, fremden und einsamen Himmelskörper. Sie sind 380.000 Kilometer von zu Hause entfernt und wissen genau: Wenn das Triebwerk der Mondfähre beim Rückstart aus irgend einem Grund nicht zünden sollte, werden sie hier einfach zurückbleiben – mit der hundertprozentigen Gewissheit, dass der Mond ihr Grab sein wird. Der Gedanke, mich in dieser Situation zu befinden, macht mir mehr Angst als alles andere Vorstellbare. Dass Menschen sich derartigem bewusst aussetzen, erfordert meines Erachtens einen Mut, der einfach unglaublich ist.

In dem Dokumentarfilm »Im Schatten des Mondes« über die Apollo-Missionen beschreiben viele der damals beteiligten Astronauten die Flüge zum Mond. Bei der ersten geplanten Mondlandung gab es ein Problem: Die Mondfähre befand sich kurz vor dem Ausgehen des Treibstoffs* über einem Geröllfeld, und Neil Armstrong musste nach einem geeigneteren Platz Ausschau halten und die Landung verzögern... und hat es dann in letzter Sekunde geschafft, sicher aufzusetzen! Der Astronaut und Kollege Alan Bean sagt in dem Film über ihn: »Neil hätte die Fähre zur Not auch auf dem Geröllfeld gelandet, was äußerst gefährlich gewesen wäre! Aber er war einfach nicht der Typ Mensch, der gesagt hätte: ›Oh, wir haben kein Benzin mehr und können hier nicht aufsetzen, also fliegen wir zurück.‹ Er wäre nicht 400.000 Kilometer weit geflogen und wieder umgekehrt – das hätte einfach keinen Stil gehabt.«

Beeindruckend. Ich weiß nicht, woher die Apollo-Astronauten der NASA diesen unglaublichen Mut hatten. Sie alle waren zu der Zeit ehemalige Testpiloten, die bereits vorher vielfach bewiesen hatten, echte »Teufelskerle« zu sein. Ich glaube, ich war die letzten 30 bis 40 Jahre meines Lebens recht weit davon entfernt... Aber ich kann mit Stolz sagen, ich habe es geschafft in meinem Leben

* Dieser Treibstoff war nur für die Landung nötig, der Rückstart erfolgte mit einem anderen Antriebssystem.

zumindest erheblich mutiger zu werden. Eine Erkenntnis war dabei absolut entscheidend: Wir müssen uns wieder in Erinnerung rufen, dass der Tod nur unseren physischen Körper betrifft. Nur die rohe Materie stirbt, nicht wir selber. Unser »Selbst« ist unsterblich! Wenn wir uns mit dem Tod aussöhnen, dann verlieren auch die Gefahren in unserem Leben ihren Schrecken.

Der erste Trunk aus dem Becher der Naturwissenschaft
macht atheistisch;
aber auf dem Grund des Bechers wartet Gott.

Werner Heisenberg, Atomphysiker

2
Gegensätze schließen sich aus – oder?

Wir leben in der Welt der Polarität. Die beiden Grundpolaritäten sind, entsprechend dem bekannten Yin-Yang-Symbol, das männlich-rationale Tag-Prinzip (Yang) und das weiblich-intuitive Nacht-Prinzip (Yin). Wissenschaft untersteht allein dem männlich-rationalen Prinzip, was deutlich machen sollte, dass Wissenschaft völlig ungeeignet sein muss, um die Welt im Ganzen zu erklären, da sie ja die Hälfte von allem unberücksichtigt lässt. Menschen leben in der Polarität und haben ein polares Bewusstsein. Wenn wir das eine tun, müssen wir das andere unerledigt liegen lassen. Wir sind ständig gezwungen, uns zu entscheiden, für das eine und gegen das andere. Aber schließen sich diese Gegensätze wirklich aus?

Wir sind meist sehr froh, im Laufe des Lebens immer besser zu wissen, was wir wollen und was nicht. All die Dinge auszusortieren, die uns nicht gefallen, immer besser zu wissen, was richtig und falsch ist, darauf sind wir stolz. Wir formen unser Ich und schließen dabei immer mehr Teile der Wirklichkeit aus, die wir nicht wollen, die wir ablehnen und für schlecht halten. Je mehr wir allerdings in die Individuation gehen, um so weniger sehen wir das

Ganze, um so einseitiger werden wir. Deswegen sind wir »unheil«. Die Teile der Wirklichkeit, die wir nicht sehen, bilden unseren »Schatten«. Der Psychoanalytiker C. G. Jung hat diesen Begriff geprägt. Er steht für alle Bereiche unserer Persönlichkeit, die uns nicht bewusst sind, die im Dunkeln liegen; solche, die wir entweder in den Schatten geschoben (verdrängt) haben, oder auch Bereiche, mit denen wir bewusst noch nie in Berührung gekommen sind. Das Verdrängen kann in bestimmten Fällen und Ausprägungen auch gesund sein, aber dennoch müssen wir auf dem Weg zum Heil versuchen, diese Bereiche wieder unserem Bewusstsein anzugliedern.

Im Idealfall sollte der Schattenbereich im Laufe des Lebens immer kleiner werden, dann sind wir auf dem richtigen Weg. Bei einer Vielzahl von Menschen in unserem Kulturkreis ist allerdings das Gegenteil der Fall: Der Schattenanteil vergrößert sich mit zunehmendem Alter, weil diese Menschen immer intoleranter und immer engstirniger werden. Am Ende des Lebens steht das Bild eines griesgrämigen, zynischen und desillusionierten Menschen, dessen Dasein meist auch noch von qualvoller chronischer Krankheit begleitet wird. Das mit anzuschauen, macht unendlich traurig, wenn man weiß, er hätte einen anderen Weg einschlagen können, es lag in seinen Händen. Derartige Menschen haben einfach irgendwann in ihrem Leben aufgehört zu lernen, Neues hereinzulassen und offen zu bleiben.

> Unseren Schatten zu durchlichten, ist die wichtigste Aufgabe auf dem Weg zum Heil.

Unseren Schatten zu durchlichten, ist die wichtigste Aufgabe auf dem Weg zum Heil. Jedem Leser, der den Sinn von Krankheit (den Regelmechanismus des Schicksals) wirklich verstehen möchte, kann ich nur wärmstens das Kapitel »Der Schatten« aus »Krankheit als Weg« ans Herz legen.[5] Krankheit ist nicht der böse Feind des Menschen. Krankheit ist die Instanz, welche dafür sorgt, dass wir nicht vergessen, an unserem Seelenheil zu arbeiten. Und sie wird insbesondere dann wirksam, wenn Menschen auf ihrem Entwicklungsweg stehengeblieben sind, aus welchen Gründen auch immer. Es ist unsere Aufgabe, alle Seinsbereiche zu leben.

Auch das Gegenteil dessen, was wir gutheißen, sollten wir kennenlernen. Wir stellen, wenn wir vorurteilsfrei herangehen, fest, dass dieses vermeintliche Gegenteil auch seine Daseinsberechtigung hat. Wir denken so oft, Dinge sind entweder so oder so. Kein Zweifel, denn Gegensätze schließen sich ja aus. Aber alles, was wir als Gegensätze ansehen, sind nur die zwei Seiten ein und derselben Medaille.

Besonders die Wissenschaft hat Probleme mit der Ambivalenz der Dinge, weil die Wissenschaft immer eindeutige Aussagen und Formulierungen braucht. Ich möchte hier noch einmal ein vielzitiertes Beispiel schildern, weil es sehr eindrucksvoll ist. Es ging um die Frage, aus was physikalisch das Licht eigentlich besteht. Die eine Gruppe Wissenschaftler war überzeugt, dass Licht aus Wellen besteht. Eine andere Gruppe Wissenschaftler entwickelte die Partikel-Theorie. In einem waren sich alle einig: Licht kann nur Welle *oder* Teilchen sein. Entweder/oder, beides ist völlig unmöglich. Jetzt machten sich die jeweiligen Gruppen daran, ihre Theorie zu beweisen, und siehe da: In einer bestimmten Versuchsanordnung konnte bewiesen werden, dass Licht aus Partikeln besteht, und in einer anderen Versuchsanordnung konnte ebenso schlüssig bewiesen werden, dass Licht aus Wellen besteht! Dieses Paradoxon hat die Wissenschaftler doch sehr zum Nachdenken gebracht. Hier bekamen sie ein eindrucksvolles Beispiel dafür geliefert, dass die Welt eben nicht rein »wissenschaftlich« erklärbar ist.

Ein weiteres, schönes Beispiel für die Ambivalenz der Dinge in unserer polaren Welt ist der Alkohol. Die Wirkung von Alkohol auf den Menschen ist empirisch mit Langzeitstudien am gründlichsten und längsten im Vergleich zu allen anderen Drogen erforscht worden. Wir wissen ja, Studien sind mit Vorsicht zu genießen: Meist spiegelt eine Studie das Ergebnis wieder, welches der Auftraggeber gerne sehen möchte. In diesem Fall aber sind die Studien allesamt zu dem annähernd gleichen Ergebnis gekommen: Ein schwerer Alkoholiker verkürzt sein Leben in der Regel um etwa 20 Jahre. Aber: Alkohol wird auch medizinisch vielseitig angewandt, zur Desinfektion, zum Herstellen aller möglichen Tinkturen und vielem mehr. Und in regelmäßigen, geringen Mengen sind alkoholische Getränke offenbar gesund. Es gibt sogar bezüglich der Sterblichkeit ein eindeutiges Ergebnis: Menschen, die regelmäßig geringe Mengen Alkohol trinken, haben eine signifikant höhere Lebenserwartung als Menschen, die überhaupt keinen Alkohol trinken!*

Interessanterweise ist empirisch selbst bei extremem Alkoholmissbrauch manchmal keine ernste körperliche Schädigung erkennbar. Zahlreiche mittlerweile bei mehr oder weniger guter Gesundheit in die Jahre gekommene Rockstars, die Jahrzehnte lang Alkoholiker waren (und oft noch sind), beweisen, dass kein kausaler Zusammenhang zwischen Alkoholmissbrauch und Krankheit bestehen *muss*. – Offenbar ist es bei dem selbstverwirklichenden Lebenswandel eines erfolgreichen Rock- oder Popmusikers, der auch noch Tausende Fans mit seiner Musik glücklich macht, oft einfach nicht nötig, dass das Schicksal hier regulierend eingreift. Es kommt im Leben eben grundsätzlich weniger darauf an, *was* ich tue, als vielmehr *wie* ich etwas tue, mit welcher Haltung und mit wie viel Bewusstheit.

Ein Mensch, der jeden Abend in der Kneipe sitzt und trinkt, weil er vom Leben frustriert ist und das Gefühl hat, die ganze Welt möchte ihm nur Böses, der auf seinem Lebensweg stehengeblieben ist, wird sehr viel wahrscheinlicher eine chronische Erkrankung erleiden. Die von der Schulmedizin gerne betonte »genetische Prädisposition« als Erklärung für diese höchst unterschiedliche Anfälligkeit für Erkrankungen spielt eine erheblich geringere Rolle – möglicherweise sogar überhaupt keine.

Alkohol kann aber auch der Teufel persönlich sein: Der Weg zum schweren Alkoholiker ist für manche Menschen, je nach psychischer Grundstruktur, ein sehr, sehr schneller! Alkohol ist außerdem die einzige Droge, bei der ein kalter Entzug** akut lebens-

* Ich halte es für gut möglich, dass hier die meist gelassenere Einstellung zum Leben und eine gegenüber Abstinenzlern geringere Ängstlichkeit der Gesundheit sehr zuträglich ist und einen großen Teil des Effekts ausmacht.

** *Kalter Entzug*: Das plötzliche Absetzen der Droge ohne irgendwelche Substitutions-Stoffe oder Medikamente.

gefährlich ist! – Es ist also, wie bei allem, vom Menschen gefordert, die Mitte zu finden. Ein schwerer Trinker wird vermutlich für diese Maßlosigkeit die Quittung bekommen, und Menschen, die aus der Sorge, sie könnten ihrer Gesundheit schaden, überhaupt keinen Alkohol trinken, werden dafür nicht belohnt (Ängstlichkeit wird niemals belohnt).

> Wir müssen erkennen, dass die vermeintlichen Gegensätze in unserer Welt eigentlich keine sind.

Wir müssen erkennen, dass die vermeintlichen Gegensätze in unserer Welt eigentlich keine sind, und versuchen, jeweils das Gegenteil unseres Standpunktes kennen und letztlich auch lieben zu lernen. Nur so durchlichten wir unseren Schatten und sind auf dem richtigen Weg zum Heil. Im allgemeinen teilen die Menschen die Dinge in dieser Welt in zwei Gruppen auf. In einen Teil, der als gut und wünschenswert gilt, und in einen Teil, der als schlecht und böse eingeordnet wird. In der Regel wird nun der zweite Teil mit allen Mitteln bekämpft, man versucht ihn auszurotten. Dies ist aber schlicht unmöglich, da immer beide Pole zusammengehören! Thorwald Dethlefsen formuliert in »Krankheit als Weg« pointiert: »Es bleibt eindrucksvoll, wie wenig ein paar Tausend Jahre erfolgloser Bemühungen den Menschen an seinem Konzept zweifeln lassen.« Das Zitat von Werner Heisenberg, welches ich an den Anfang dieses Kapitels gestellt habe, drückt in aller Kürze und mit tiefer Weisheit aus, dass sogar der ewige Disput zwischen Glauben und Wissenschaft letztlich obsolet ist. Das schönste Beispiel für die Zusammengehörigkeit von Gegensätzen ist wohl die Tatsache, dass uns Menschen sowohl in der schmerzlichsten Trauer wie auch in der größten Freude Tränen über das Gesicht laufen... Auf der körperlichen Ebene können wir die Gegensatzvereinigung bewusst erleben. In der Vereinigung von Mann und Frau, bei der körperlichen Liebe zwischen den Geschlechtern, schaffen wir es, die Gegensätze zu einen. Und wir dürfen im Orgasmus einen kleinen Moment lang das Glücksgefühl und die unendliche Liebe der Einheit erleben – so gesehen sind wir beim Sex Gott am nächsten! Erzähle das doch bitte mal der katholischen Kirche...

3
Immer sind die anderen schuld!

Wir sind es gewohnt, alle Ereignisse unseres Lebens in einer linearen Kausalkette zu betrachten. Ich bin an dieser bestimmten Krankheit erkrankt, weil vorher dieser oder jener Krankheitserreger in meinen Körper kam; meine Abschlussprüfung habe ich nicht geschafft, weil der Prüfer mich nicht leiden konnte; ich habe ein gebrochenes Bein, weil der Autofahrer mich nicht gesehen hat und so weiter. Zu jedem negativen Ereignis, das uns widerfährt, können wir sofort und treffend einen Schuldigen benennen. Und es ist meist keine Ausrede. Wir sind tief davon überzeugt, dass es diesen Schuldigen gibt, der uns Böses will.

Man nennt dieses Phänomen »Schuldprojektion«, und es ist vielleicht der weitverbreitetste Irrtum unserer heutigen Gesellschaft. Und es ist natürlich auch nicht verwunderlich, dass einer Theorie, bei der man die eigene Verantwortung abgeben kann, gerne der Vorzug gegeben wird. Genau das aber ist das größte Problem der Menschen in unserem Kulturkreis: Wir übernehmen keine wirkliche Verantwortung mehr für unser Leben. In Wirklichkeit gibt es diese »bösen« Verursacher unserer Probleme nicht! Selbstverständlich stimmen die genannten Korrelationen. Aber es sind eben nur Korrelationen, das heißt immer, wenn das eine auftritt, dann beobachten wir auch das andere. Aber wir können nicht sagen, das »andere« entstehe durch oder wegen des »einen«.

Alles, was uns an Schwierigkeiten, Problemen, Krankheit und so weiter begegnet, begegnet uns, weil es uns noch auf unserem Weg zum Heil fehlt. Wenn wir die Schuld für uns als Projektion anerkennen, sehen wir die Menschen in unserem Umfeld plötzlich in einem ganz anderen Licht. Alle diejenigen, die wir als unsere Feinde betrachten, die wir hassen, weil sie uns Unglück gebracht haben, handeln tatsächlich in unserem Interesse. Sie sorgen für genau die Probleme, die wir auf unserem Entwicklungsweg noch dringend benötigen. Wenn wir diese Begegnungen nicht beachten, dann müssen wir uns mit den gleichen Problemen immer wieder auseinandersetzen. Und zwar so lange, bis ein Bewusstseinsschritt getan wird. Das Schicksal kann hier sehr ausdauernd sein.

> Schwierigkeiten, Probleme, Krankheit und so weiter begegnen uns, weil sie uns noch auf unserem Weg zum Heil fehlen.

Die Schulmedizin betreibt ebenfalls diese Schuldprojektion. Seit Hippokrates hat sie sich von der metaphysischen Deutung der Krankheitssymptome, die vorher zu allen Zeiten selbstverständlich war, abgewandt. Sie versucht, Krankheit alleine aus Kausalketten der Vergangenheit zu erklären, die mehr oder weniger zufällig durch einen ungesunden Lebenswandel, »schlechte« Gene und dergleichen den Menschen trifft. Sie vermeidet es entschieden, nach der Sinnhaftigkeit von Krankheit zu fragen.

Ein seelisches Ungleichgewicht äußert sich im Körper als Symptom. Die Schulmedizin behandelt nun dieses Organ, welches Symptome zeigt, und behauptet dann stolz, sie habe den Patienten geheilt, obwohl sie noch nicht einmal ansatzweise darüber nachgedacht hat, welches seelische Ungleichgewicht vorliegen könnte. Krankheit (ein bestimmtes Symptom) möchte uns etwas mitteilen, deswegen müssen wir zunächst einmal genau zuhören, was sie uns denn sagen will. Wir müssen uns von ihr stören lassen. Wenn wir uns zwei Fragen stellen, kommen wir der Antwort gleich nahe: Zu welchen Verhaltensweisen bin ich durch die Krankheit gezwungen, die ich nie tun wollte? Und welches Verhalten muss ich nun durch die Krankheit ändern, obwohl ich es doch so gerne hatte?

Wenn wir über diese Fragen nachdenken, sehen wir ganz genau, welches Verhalten uns noch dringend fehlt, welchem Aspekt des Lebens wir bisher zu wenig oder zu viel Aufmerksamkeit geschenkt haben, welche Einseitigkeit in unserem Leben ausgeglichen werden soll.

Der Grund für das Auftreten eines Symptoms ist eben in der Hauptsache auch eine Absicht, die in der Zukunft liegt! Ein Autofahrer fährt an der Ampel nicht nur los, weil sie auf Grün springt, sondern in erster Linie wohl, weil er ein bestimmtes Ziel erreichen möchte... Die Schulmedizin verwechselt Symptom und Krankheit. Das Symptom ist nicht der böse Feind, der so schnell wie möglich vernichtet werden muss, sondern ein Freund, der in unserem Interesse als Signalgeber handelt.[6]

> Der Grund für das Auftreten eines Symptoms ist eben in der Hauptsache eine Absicht, die in der Zukunft liegt!

Bei allen denkbaren Erkrankungen können wir uns auch noch eine dritte Frage stellen: Welchen Nutzen ziehe ich aus meiner Krankheit? Hier muss man allerdings sehr ehrlich mit sich selbst sein (die meisten Menschen werden einen eventuellen Nutzen ihrer Krankheit verneinen). Da wir alle ja heutzutage der Meinung sind, der Kranke habe sein Leiden nicht mit zu verantworten, sondern das »böse Schicksal« habe ihn zufällig getroffen, erfährt er durch Mitleid eine Zuneigung, die es vielleicht vorher in seinem ganzen Leben nicht gab. Die Menschen im Umfeld des Kranken erkennen diesen Nutzen oftmals sehr genau. Krankheit ist nämlich auch hervorragend als Machtinstrument geeignet und wird als solches häufig eingesetzt. Dies wird natürlich von den Kranken in der Regel vehement bestritten, aber es gibt durchaus diesen Machtgewinn durch Krankheit.

Hier berühren wir bereits das Hauptproblem des Menschen: Es dreht sich immer um den Wunsch nach Macht.

Erreichen wir Macht nicht beispielsweise durch eine erfolgreiche Karriere, wird dieses Machtstreben (oft verborgen und schwer erkennbar) im Kranksein ausgelebt. Dieses Machtstreben bei uns selbst zu erkennen und es bewusst in Demut zu verwandeln, ist ein ganz entscheidender (und ein sehr schwerer!) Schritt auf unserem Entwicklungsweg. Demut wird immer mit »schwach« oder »nicht selbstbewusst« assoziiert, in Wirklichkeit ist das Gegenteil der Fall: Um demütig zu sein, ist große Stärke und viel Selbstbewusstsein erforderlich.

Hier berühren wir das Hauptproblem des Menschen: Es dreht sich immer um den Wunsch nach Macht.

Wir müssen wieder Verantwortung übernehmen und beschließen, an diesem Irrtum und auch diesem kollektiven Gejammer nicht mehr teilzunehmen. (Wir Deutschen sind Weltmeister im Jammern, und ich war viele Jahre ganz vorne mit dabei!) Dieses Selbstmitleid ist uns selbst gegenüber sehr unwürdig, und es ist auch Gotteslästerung. Wir sind frei zu entscheiden, wie wir unser Leben gestalten möchten. Und wenn die Anforderungen an uns objektiv zu hoch sind, dann müssen wir in unserem Leben eine radikale Wende einleiten! Oft wird viel zu lange an unzumutbaren Zuständen festgehalten, weil wir Angst vor Veränderung haben… Im Buddhismus gilt der Widerstand gegen Veränderungen als eine der größten Quellen des Leids. Die Veränderung nämlich ist das einzig Beständige, nichts bleibt wie es ist, alles ist im Fluss!

4
Gemeinsam oder einsam?

Es gibt Menschen, die es vorziehen, alleine durch das Leben zu gehen; Menschen, die keinen Partner haben, keine engen Freunde und überhaupt nur mit sehr wenigen Menschen in Kontakt stehen, die als »einsame Wölfe« durch das Leben ziehen und darauf meist noch stolz sind. Aus irgend einem Grund scheint von solchen Typen auch eine besondere Faszination auszugehen, sie gelten als besonders cool und selbstbewusst, und in zahlreichen Hollywood-Filmen verkörpern derartige Charaktere den Helden der Geschichte. Man sollte sie sich allerdings nicht zum Vorbild nehmen. Der einsame Wolf erfüllt die besten Voraussetzungen, um mit fortschreitendem Alter zu jenem griesgrämigen, zynischen und desillusionierten Menschen zu werden, der im Kapitel 2 skizziert wurde.

Wir können unser »Selbst« nur erkennen, wenn es uns durch unsere Mitmenschen gespiegelt wird.

Warum ist das so? Wir Menschen sind auf soziale Kontakte angewiesen, damit die Entwicklung unserer Seele nicht stillsteht.

Genauso, wie wir unsere eigenen Augen nur sehen können, wenn wir in den Spiegel schauen, können wir unser »Selbst« nur erkennen, wenn es uns durch unsere Mitmenschen gespiegelt wird. Freunde, Bekannte, aber auch (und im Besonderen!) Feinde spiegeln uns unseren »Schatten«, jene Seelenanteile, die wir selbst nicht bewusst in uns sehen können. Am stärksten spiegeln wir uns in unserem Lebenspartner, also dann, wenn wir uns in einer Liebesbeziehung befinden.

Eine Liebesbeziehung ist die beste und wichtigste Voraussetzung für unsere geistige Entwicklung. All das, was wir an unserem Lebenspartner (oder anderen Menschen) besonders anziehend finden, was wir bewundern, aber auch und insbesondere all die Dinge und Charakterzüge, die wir ablehnen, die uns zuwider sind, zeigen präzise und genau die Lebensbereiche an, die noch in unserem Schatten liegen. All diese warten darauf, in das Licht unseres Bewusstseins eintreten zu dürfen. Dies ist übrigens der einleuchtende Grund dafür, dass wir uns überwiegend in Menschen verlieben, die ganz anders sind als wir selbst. Nur so kommen wir ständig in Kontakt mit unseren Schatten-Bereichen, die uns von unserem Partner vorgelebt werden. Und die Betroffenen stöhnen meist darüber, dass das Zusammenleben deswegen so schwierig ist, man so oft unterschiedlicher Meinung ist und so weiter. Sie sollten sich allerdings lieber freuen, anstatt zu klagen, denn wenn sich zwei Menschen lieben, die sich sehr ähnlich sind, bei denen die gleichen Dinge im Schatten liegen, wird sehr wenig bis überhaupt keine Entwicklung stattfinden. Die Schattenanteile bleiben dann im Dunkeln.

Wenn wir uns mit den Dingen beschäftigen, die wir an unserem Partner überhaupt nicht mögen, vielleicht sogar hassen, werden wir üblicherweise versuchen, unseren Partner zu ändern. Allerdings ist ein derartiges Unternehmen zum einen in der Regel schwierig bis unmöglich, zum anderen ist es auch eine unangemessene Reaktion. Ich möchte stattdessen Folgendes empfehlen: Gehe in einer ruhigen Minute tief in dich und überlege, warum dir ein bestimmtes Verhalten oder ein bestimmter Charakterzug an deinem Partner so sehr missfällt. Zunächst einmal schaust du, was für ein Prinzip hinter dem Verhalten steht. Genau wie bei der Schuldprojektion projizieren wir in Beziehungen ein für uns im Schatten liegendes Thema auf unseren Partner. Es kann ein Thema sein, bei dem du eine Verletzung aus der Kindheit nicht verarbeitet hast, oder es geht um etwas, mit dem du noch nie in Berührung gekommen bist und vor dem du deshalb Angst hast (Unkenntnis macht immer Angst).

> Dein Partner ist eine zuverlässige Projektionsfläche deiner ureigenen Probleme und Ängste.

Dein Partner ist somit eine zuverlässige Projektionsfläche deiner ureigenen Probleme und Ängste. Deine Aufgabe ist es jetzt gerade nicht, deinen Partner irgendwie dazu zu drängen, ein anderes Verhalten an den Tag zu legen, nein, deine Aufgabe ist es, diese Dinge ganz genau anzuschauen und dich selbst darin zu erkennen! Du musst dich mit diesen Charaktereigenschaften aussöhnen, einen Bewusstseinsschritt machen, diese Schattenbereiche durchlichten.

Ein Beispiel: Wenn du als Frau sagst: »Das Problem mit meinem Partner ist, dass er zu aggressiv ist. Wie soll ich mich damit aussöhnen?« – Schaue dir das Prinzip an, das dahintersteht. Aggression bedeutet Energie. Sie bedeutet auch Lebensenergie, die vielleicht nur in die richtige Richtung geleitet werden muss. Dein Partner könnte möglicherweise davon profitieren, einen Kampfsport zu machen. Und du könntest Aggression, die zu einem gewissen Grad auch sehr wichtig ist, überhaupt erst in dir entdecken und in der Folge einen ganz neuen Schwung und Elan entwickeln, welcher dein Leben positiv beeinflusst. Es gibt viele Beispiele wie dieses. Dinge, von denen wir überzeugt sind, dass sie nur negativ oder schlecht sind, haben bei näherer Betrachtung auch einen positiven Aspekt, den es – vor allem bei sich selbst – zu erkennen und zu nutzen gilt.

Bei aller Wichtigkeit, die Beziehungen in unserem Leben haben, müssen wir etwas dringend beachten: Wir sind alleine für unser Leben verantwortlich und sollten auch alleine in der Lage sein, unser Leben zu meistern. Beziehungen sollten nicht zu Abhängigkeiten führen. Die Floskel: »Ich kann ohne dich nicht leben« ist schmeichelhaft, wenn sie einfach aus einer großen Verliebtheit heraus über die Lippen kommt. Bedenklich wird es allerdings, wenn es wörtlich gemeint ist, weil ein Partner einfach nicht alleine leben kann! Diese Abhängigkeit ist fatal. In vielen Fällen betrifft sie beide

Partner, sie benötigen sich beide in einer Art Co-Abhängigkeit, können alleine nicht sein.

In unserer Zeit ist es nicht mehr ganz so ausgeprägt, aber dennoch passiert es häufig: Einige Männer kommen direkt von der umsorgenden Mutter zu der umsorgenden Ehefrau. Sie können sich später gar nicht von ihrer Frau trennen, weil sie alleine überhaupt nicht lebensfähig sind, sich zum Beispiel noch nicht einmal etwas kochen können. Diese Männer werden sich nur lösen, wenn bereits eine neue Frau als Umsorgerin bereitsteht. Alle Männer und Frauen, die nie alleine gewesen sind in ihrem Leben, sollten sich ernsthaft fragen, ob sie es schaffen würden, auch alleine zu leben. Es gibt hier Konstellationen, die über Jahre fortbestehen, nur aus Mitleid (oder auch der Machtposition) des Stärkeren gegenüber dem Schwächeren. Es werden nicht selten sehr unwürdige und jeden Stolz entbehrende Drohungen ausgesprochen wie: »Wenn du mich verlässt, dann bringe ich mich um!« Dies sind Partnerschaften, bei denen das Ziel der gegenseitigen Förderung der psychischen und seelischen Entwicklung leider verfehlt wird.

Von diesen Sonderkonstellationen abgesehen, können wir uns sehr glücklich schätzen, in einer Partnerschaft zu leben. Mit einem Gefährten durchs Leben zu gehen, macht nicht nur vieles einfacher. Es verhindert, wenigstens in aller Regel, den Stillstand unserer seelischen Entwicklung. Wir bleiben in Bewegung, weil wir ständig mit neuen Aspekten aus unserem Unbewussten konfrontiert werden. Wenn so etwas Menschen tun, die uns nicht sehr nahestehen, schicken wir diese meist zum Teufel – nicht aber unseren Partner, den wir lieben! Deswegen ist der Lebensgefährte die größte Hilfe, um unsere Schattenbereiche kennenzulernen. Und nur dazu sind wir auf dieser Welt: Irgendwann einmal unseren kompletten Schatten anschauen zu können und somit wieder heil zu werden.

Wir sind heute nicht unglücklich, weil das Leben so kompliziert ist.
Wir sind unglücklich, weil wir die ihm zugrundeliegende Einfachheit verfehlen.

Elisabeth Kübler-Ross

5
Was ist Glück? Und gibt es dieses Glück überhaupt?

Es gibt keinen Zufall. Wir können fest davon ausgehen, dass nichts auf dieser Welt durch Zufall passiert. Mathematisch gesehen gibt es natürlich schon das Phänomen, welches Zufall genannt wird, die Chaostheorie beschreibt es genau. Ich werde meine Aussage also präzisieren: Es passiert in dieser Welt nichts Entscheidendes durch Zufall! Um Missverständnissen bei der Lektüre dieses Kapitels vorzubeugen, folgendes vorweg: Ich beziehe mich in dem Text auf Glück im Sinne von »Glück haben« und nicht auf »glücklich sein« (im englischen ist dies leichter zu unterscheiden: »to be lucky« – Glück haben, und »to be happy« – glücklich sein).

Glück ist doch, wenn uns durch Zufall etwas Gutes widerfährt. Aber wenn es keinen Zufall gibt, dürfte es auch kein Glück geben, oder? Nehmen wir das Beispiel Lotterie. Es ist möglich, dass durch Zufall genau die sechs Zahlen gezogen werden, die ein bestimmter Lotteriespieler getippt hat. Jetzt können wir sagen, dass dieser Spieler großes Glück gehabt hat, er nennt nun eine hübsche hohe Summe Geldes sein Eigentum. Aber wenn wir diesen Menschen zwei Jahre später fragen, ob er denn mit dem Geld glücklich geworden sei, werden wir mit recht hoher Wahrscheinlichkeit Erstaunliches von ihm zu hören bekommen: Er hat das Geld bereits beim Glücksspiel wieder verloren, oder es ist ihm viel gestohlen worden, oder er hat seine Freunde verloren und neue, aber falsche Freunde haben ihn betrogen oder ähnliches. Es gibt Statistiken darüber, wie unverhältnismäßig häufig Lotteriegewinner mit Millionengewinn mit ihrem »Glück« überhaupt nicht glücklich werden – es sind mehr als drei Viertel von ihnen!

Jeder Mensch bekommt genau das, was ihm zusteht – im positiven wie im negativen Sinne.

Warum ist das so?

Das Weltgesetz sorgt dafür, dass jeder Mensch genau das bekommt, was ihm zusteht – im positiven wie auch im negativen Sinne. Menschen müssen sich Reichtum verdient haben, sonst wird er ihnen kein Glück (nun im Sinne von »happiness«) bescheren. Wir müssen für Ereignisse in unserem Leben reif sein, sonst können diese sich nicht verwirklichen. Und wenn wir durch Zufall etwas erhalten, was uns nicht zusteht, wird es uns nicht gut tun.

Wie verhält es sich mit Unfällen? Zumindest Unfälle passieren doch durch Zufall, sollte man meinen. Es fällt schwer zu glauben, aber selbst wenn beispielsweise ein Fahrradfahrer von einem Autofahrer übersehen und angefahren wird, ist der Fahrradfahrer nicht nur Opfer. Man ist sich sicher, die Schuld liegt zu 100 % bei dem Autofahrer. Das mag rechtlich auch so sein, allerdings hat der Fahrradfahrer einen Anteil an dem Geschehen. Er musste reif sein für dieses Ereignis, sonst hätte es nicht passieren können. Wäre es nicht so, hätte er vielleicht im letzten Moment das Auto doch noch gesehen und wäre ausgewichen. – Wenn wir genau hinhören, teilen uns die Worte ihre Bedeutung meistens ganz eindeutig mit: Zufall ist nämlich das, was uns gesetzmäßig zufällt! Versicherungen führen Statistiken über Unfälle. Bei Arbeitsunfällen hat man Erstaunliches festgestellt: Es scheint Menschen zu geben, die Unfälle regelrecht anziehen, und andere scheinen davor gefeit zu sein. Würden Unfälle zufällig passieren, dann könnte man davon ausgehen, dass ein Mitarbeiter einer Firma, der einen Arbeitsunfall erlitten hat, höchstwahrscheinlich so schnell nicht wieder in einen weiteren Unfall verwickelt wird. Aber weit gefehlt: Nach den Statistiken der Versicherungen hat ein Arbeitnehmer, der einen Arbeitsunfall erlitten hat, danach eine fünf mal höhere Wahrscheinlichkeit, wieder »Opfer« eines solchen zu werden, als die anderen Mitarbeiter, die noch keinen Unfall hatten! Das vermeintliche Opfer ist offenbar nicht unerheblich an der Entstehung seiner Unfälle beteiligt.

Man könnte nun einwenden, es sei ja schrecklich, weil man sich, wenn man an diese Zusammenhänge glaubt, ja gar nicht vor irgendwelchen Katastrophen schützen könnte, man seinem Schicksal quasi hilflos ausgeliefert sei. Nun, eigentlich ist genau das Gegenteil der Fall. Menschen, die aufmerksam durchs Leben gehen, die auf ihr Herz und auf ihre innere Stimme hören, die sich vielleicht ein Geburtshoroskop* haben erstellen lassen und so ein wenig mehr über die Aufgaben, die in ihrem Leben anstehen, wissen, können wesentlich befreiter leben.

Wenn du das sichere Gefühl hast, auf dem richtigen Weg zu sein, musst du den »bösen Zufall« nicht mehr fürchten, es wird dir mit hoher Wahrscheinlichkeit kein Unfall zustoßen. Du solltest dir außerdem, bei allem was dir widerfährt, ob positiv oder negativ, immer die Frage stellen, was das Erlebte denn bedeuten könnte. Unsere Erlebnisse wollen uns immer genau die Dinge und Zusammenhänge näherbringen, die wir bisher gemieden haben.

Das übertriebene Sicherheitsdenken entsteht nur dadurch, dass die Menschen vergessen haben, dass es keinen Zufall gibt.

Das übertriebene Sicherheitsdenken in unserer Gesellschaft entsteht nur dadurch, dass die Menschen vergessen haben, dass es keinen Zufall gibt. Wenn du reif dafür bist, wirst du in deinem Auto bei einem Unfall sterben, obwohl der Wagen 27 Airbags hat. Derjenige, der nicht reif

* Sei dir bitte bewusst, dass wahre Astrologie nichts, aber auch gar nichts gemein hat mit dem Bild, das wir im allgemeinen heutzutage von ihr haben, und mit der Art, wie sie auch leider meistens kommerziell praktiziert wird. Eine sehr gute und informative Einführung in die Astrologie findet sich in *Schicksal als Chance* von Throwald Dethlefsen.

dafür ist, wird aus einem Auto, das überhaupt keine Airbags hat, unverletzt aussteigen, oder sein Schicksal wird den Unfall bereits vorher verhindern.

Ob uns nun Glück oder Pech widerfährt – es hängt eindeutig von uns selbst ab. Glück existiert, aber wir müssen es uns verdienen, Glück zu haben! Von nichts kommt nichts, es wird uns nichts geschenkt in diesem Leben. Das ist eine Wahrheit, die ich selbst eine sehr lange Zeit nicht akzeptiert hatte. Dies muss aber überhaupt nicht frustrieren, ganz im Gegenteil. Wer die Gesetzmäßigkeiten in diesem Universum kennt, weiß, dass sein Lebensglück nicht vom Zufall abhängt, sondern wir selbst die Architekten unserer Zukunft sind. Wir haben es selbst in der Hand, alles dafür zu tun, glücklich zu werden. Und ganz nebenbei: Ein Lotteriegewinn ist dazu überhaupt nicht notwendig.

6
Ehrlich währt...

Wir leben mittlerweile in einer Welt, in der es alltäglich und völlig normal ist, unehrlich und unaufrichtig zu sein. Wenn wir uns das einmal ganz bewusst vor Augen führen, haben wir vielleicht die Möglichkeit, es in Zukunft wieder anders zu machen... Mehrere Jahre lang habe ich selbständig als Vertriebspartner einer großen Firma gearbeitet. Ich hatte schon immer ein gewisses Talent als Verkäufer, und dieses wurde hier in internen Schulungen noch gefördert. Getreu dem alten Verkäufer-Motto: »Price tells, story sells«, fiel es mir immer recht leicht, durch Empathie und Geschichtenerzählen (Geschichten mit recht geringem Wahrheitsgehalt) potenzielle Käufer ein wenig in die gewünschte Richtung zu lenken. Privat hatte ich großen Spaß daran (und auch Erfolg), meine alten Autos oder Motorräder noch möglichst gewinnbringend an den Mann oder die Frau zu bringen – mittlerweile bin ich als Verkäufer eine absolute Niete. Völlig ungeeignet für den Job! Ich würde dem potenziellen Autokäufer vermutlich sofort von allen noch so kleinen Macken meines alten Autos berichten und ihm letztlich dann selbst vom Kauf abraten... Ehrlichkeit und Aufrichtigkeit sind mir einfach zu wichtig heutzutage, es fällt mir tatsächlich außerordentlich schwer zu lügen. Verkaufen und Kunden akquirieren gehört glücklicherweise nicht zu den Aufgaben meiner aktuellen beruflichen Tätigkeit.

Ich erinnere mich auch noch gut an meine Arbeitszeit vor einigen Jahren in verschiedenen Callcentern. Im Callcenter wird entweder *inbound* oder *outbound* telefoniert. Bei *outbound* rufen wir an, *inbound* bedeutet, wir werden angerufen, was in der Regel das angenehmere Arbeiten bedeutet. Ich hatte diesen besseren Part. Man sitzt an einer Hotline und gibt dem Anrufer die gewünschte Information. Hier gibt es nun zu jedem neuen Sachverhalt, zum aktuellen Stand der Informationen immer eine »Sprachregelung« für den Kunden. Sprachregelung bedeutet aber nichts anderes, als dass die Mitarbeiter gebrieft werden, welche Lüge heute dem Kunden zu erzählen ist (da die Wahrheit den jeweiligen Auftraggeber schlecht aussehen lassen würde)! Damit jeder Mitarbeiter auch mit Sicherheit die gleiche Unwahrheit an den Kunden bringt und es nicht zu unnötigen Verwirrungen kommt, gibt es die Sprachregelung.

Es ist ungeheuerlich, mit welcher Selbstverständlichkeit in unserer heutigen Gesellschaft gelogen wird.

Dies nur als kleines Beispiel.

Es ist ungeheuerlich, mit welcher Selbstverständlichkeit in unserer heutigen Gesellschaft gelogen wird, im Beruf genauso wie im Privatleben und oft auch völlig unnötig. Nimm dir bitte folgendes vor (und sei dabei ehrlich zu dir selbst): In den kommenden zwei Wochen werde ich auf jegliche Lügen, Notlügen, Flunkereien und so weiter verzichten. Also komplett nur die Wahrheit und nichts als die Wahrheit sagen, egal in welcher Situation und zu welchem Menschen. (In einigen Berufen muss man, um dies zu tun, Urlaub nehmen. Rechtsanwälte können definitiv nicht arbeiten und Politiker brauchen Klebeband über dem Mund.) Du wirst nach diesen zwei Wochen zwei Dinge feststellen:

1. Es war verdammt schwierig! Man ist sich gar nicht bewusst, wie oft wir im Alltag lügen oder wie oft wir die Wahrheit zumindest ordentlich biegen.

2. Es stellt sich ein warmes Gefühl der Ruhe und Zufriedenheit ein. Du fühlst dich so wohl damit, es tut so gut, »echt« und »aufrichtig« zu sein.

Es ist wirklich eine Erfahrung, über die man einmal tief nachdenken sollte. Wäre es nicht schön, wir könnten davon ausgehen, dass Menschen in der Regel die Wahrheit sagen? Satzanfänge wie die folgenden: »Da kannst du ja so tun, als wäre …«, »In dem Fall können wir doch einfach behaupten…« oder »Ich sage ihm jetzt einfach, ich konnte das nicht machen, weil…« sind so üblich geworden in unserer modernen Zeit. Oft tun wir dies, weil wir meinen, wir könnten unserem Gegenüber die Wahrheit nicht zumuten. Manchmal sagen wir einfach aus Höflichkeit nicht die Wahrheit. – In manchen Fällen mag ein wenig Zurückhaltung ja angebracht sein, aber meistens ist ein offenes, ehrliches Wort für alle Beteiligten der bessere Weg.

Und diese Offenheit und Ehrlichkeit ist Balsam für deine Seele.

»Es gibt Leute, die zahlen für Geld jeden Preis.«

Arthur Schopenhauer

7
Hoffentlich ist bald Freitag

Geld macht nicht glücklich. Es beruhigt noch nicht einmal. Die Fixierung auf Geld in unserer Gesellschaft ist wirklich erschreckend. Ich muss an dem Punkt kurz abschweifen: Es kommt nur noch selten vor, dass ich mich über bestimmte Dinge wirklich aufrege, aber wenn ich unsere Politiker höre, die ständig behaupten, wir (eines der wohlhabendsten Länder dieser Welt!) könnten uns den Umweltschutz finanziell nicht leisten, dann kommt mir wirklich die Galle hoch. In dem Moment, in dem ich diese Zeilen schreibe, höre ich im Radio, dass in Peking nun bereits seit fünf Tagen der schlimmste Smog herrscht, den es je gegeben hat. Die Luftverschmutzung ist lebensgefährlich! Die Menschen laufen mit Atemschutzmasken herum wie in einem endzeitlichen Science Fiction-Film. Und die Regierung reglementiert noch nicht einmal den Autoverkehr, mit der Begründung, dies könne ein falsches Signal an die Wirtschaft senden! Und das ausgerechnet in China, wo die Chinesen doch einst ein bemerkenswert weises Volk waren. (Bevor Mao Tse Tung es mit seinen Reformen »gut gemeint« und leider das genaue Gegenteil bewirkt hat…) Ich habe ernste Sorge, dass die Menschheit es in absehbarer Zeit schafft, diesen Planeten unbewohnbar zu machen. Und ich möchte, dass meine Tochter, die

Kinder meiner Tochter und deren Kinder dies nicht erleben. Wir Menschen sind der Krebs dieser Welt! Wundert es da wirklich, dass wir so oft Krebs bekommen?

Aber zurück zum Thema. Es ist oft so verrückt in unserer Gesellschaft. Manche arbeiten von Montag bis Freitag so hart und so viel, dass der Samstag komplett auf der Couch verbracht werden muss, um sich erst einmal zu erholen. Anstatt mit den Freunden, Kindern, dem Partner oder wem auch immer eine schöne Zeit zu verbringen, liegt man völlig erschöpft vor dem Fernseher. Und der Hauptgrund ist die Angst. Es ist immer die Angst, man könnte nicht ausreichend versorgt sein, der Gedanke, ich muss so schnell wie möglich so viel Geld wie möglich anhäufen für später. Vielleicht reicht meine Rente nicht oder vielleicht werde ich vorher bereits arbeitsunfähig (bei diesem Lebensstil bestimmt!). Ein weiterer Grund ist unser völlig überzogenes Anspruchsdenken (dies wird natürlich durch die Werbeindustrie geschickt unterstützt). Es muss ein eigenes und großes Haus sein, es muss das neueste Auto vor der Tür stehen, um vor dem Nachbarn zu glänzen, und mindestens zwei Mal im Jahr brauchen wir einen tollen Urlaub, natürlich im Ausland, am besten auf einem anderen Kontinent. Und wenn wir jetzt als Sachbearbeiter in irgendeinem Büro sitzen, dann benötigen wir natürlich viele bezahlte Überstunden, um das finanzieren zu können.

Ich frage mich so oft, warum die Menschen nicht einmal darüber nachdenken, was sie wirklich glücklich machen könnte. Wenn ich Vollzeit arbeiten gehe und vielleicht noch einen Haufen Überstunden mache, bin ich ungefähr zwei Drittel meiner wachen Zeit mit der Arbeit beschäftigt. Sollte es dann nicht einer Überlegung wert sein, ob mir diese Arbeit auch Freude macht? Wenn man in seiner Arbeit seine Berufung (warum heißt es wohl »Beruf«?) gefunden hat, kann es völlig in Ordnung sein, 60 Stunden pro Woche zu arbeiten, weil es Freude macht und eine Selbstverwirklichung darstellt. Aber bei wie vielen Menschen in unserer Gesellschaft ist das so?

Kennst du jemanden, der montags zur Arbeit geht und unter Stöhnen sagt: »Hoffentlich ist bald Freitag!«? Oder gehörst du vielleicht selbst zu diesen Menschen?

Das ist furchtbar, fünf Tage am Stück Dinge zu tun, die einem nichts bedeuten, lästig sind, die man vielleicht sogar hasst. Und es ist wieder die Angst, die verhindert, dass wir diese Zustände ändern, nämlich die Angst, diesen Job aufzugeben und zu schauen, was eher meine Berufung sein könnte. Oder zumindest einen Job zu suchen, den man gerne tut, auch wenn es nicht unbedingt die Berufung ist. Das Gesagte gilt natürlich nur für uns in Deutschland oder anderen reichen Ländern. In den meisten Ländern dieser Erde muss jede Arbeit akzeptiert werden, egal wie unangenehm oder ungesund sie ist, weil die Menschen sonst schlicht nichts zu essen haben! Mache dir immer bewusst, in welch privilegierter Situation wir hier in Deutschland leben.

> Es ist furchtbar, fünf Tage am Stück Dinge zu tun, die einem nichts bedeuten, lästig sind, die man vielleicht sogar hasst.

Noch etwas ist für unsere Gesundheit wirklich wichtig: Wir sollten als Ausgleich zur Arbeit auch ein Hobby pflegen. Viele Menschen haben bereits eine große Leidenschaft und vielleicht auch ein großes Talent bei sich entdeckt (zum Beispiel Musikmachen) und lassen es einfach brachliegen, weil sie der Meinung sind, sie hätten keine Zeit dafür, sie dürften sich die Zeit für ihre Leidenschaft nicht nehmen. Das ist sehr traurig…

Geld. Hast du genug davon? Wie viel ist genug? Wenn ich die Wahl habe, zwischen einer Arbeit, die mir nichts bedeutet, die ich nicht mag, bei der ich vielleicht sogar Gefahr laufe, meine Gesundheit zu ruinieren, die aber mit 5000,– Euro pro Monat entlohnt wird, und einem Job, der mir wirklich Freude macht, den ich für sinnvoll erachte, bei dem auf der Gehaltsabrechnung aber am Ende des Monats nur 2000,– Euro stehen, muss ich keine Sekunde zögern. Geld ist kaum eine Motivation für mich. Man bekommt in diesem Leben sowieso immer nur soviel (Geld, Gutes, Anerkennung und so weiter), wie man sich auch wirklich verdient hat, egal, welche Zahl auf dem Lohnzettel steht. Bei den höher bezahlten Jobs ist natürlich auch wieder der Machtgewinn, die Gier nach Macht über andere ein entscheidender Faktor. Diese Machtgier finden wir übrigens in allen Berufsrichtungen, sogar in den sozialen Berufen. Und ich dachte früher immer, ganz naiv, allein der Wille, etwas Sinnvolles und Gutes zu tun, sei die Motivation, sich hier zu engagieren.

Viele Menschen sagen auch: »Ich mache diesen Stress ja nur ein paar Jahre, danach stehe ich besser da und werde weniger arbeiten, man muss sich halt durchbeißen am Anfang.« Dies wird auch ganz geschickt von Vorgesetzten in den Firmen ausgenutzt. »Wenn Sie sich die nächsten zwei Jahre richtig ins Zeug legen, dann werden Sie befördert zum…« – aber wie oft kommt der genannte Zeitpunkt niemals. Er wird immer weiter hinausgeschoben (ich werde doch nicht befördert oder nach der Beförderung wird alles nur schlimmer!) bis zum Burnout, dem Herzinfarkt oder auch einfach nur bis zu dem Moment, an dem ich meiner Frau hinterherschaue, die gerade aus dem gemeinsamen Haus ausgezogen ist, weil ich nie Zeit für sie hatte…

Stelle dir einfach die Frage: Mache ich meine Arbeit wegen der Gehaltsüberweisung am Monatsende oder mache ich meine Arbeit, weil ich genau dies gerne tue und einen Sinn darin sehe. Und noch eine Frage ist ganz entscheidend: Bekomme ich meinen Arbeitslohn auf Kosten anderer? In der Versicherungsbranche und bei den Banken, nur als zwei Beispiele, kann man nur einen guten Verdienst generieren, wenn Menschen Produkte verkauft werden, die sie eigentlich gar nicht brauchen. Denn hier liegen die hohen Gewinne für den Konzern, und es können hohe Provisionen gezahlt werden. Noch ein Beispiel: Network-Marketing (genauer: Multi-Level-Marketing). Ich kann hier kompetent mitreden, weil ich mich tatsächlich vor einigen Jahren von den geschickten Tricks eines Network-Marketing-Konzerns habe aufs Kreuz legen lassen. Es ist schon möglich, hier Geld zu verdienen, sogar viel Geld. In dem Fall allerdings nicht nur auf Kosten meiner Kunden, sondern sogar auf Kosten meiner Freunde, Verwandten und sonstwem, den ich durch Überzeugungsarbeit in meine »Struktur« geholt habe. Ich warne ausdrücklich vor Network-Marketing!

> Schadet mir meine Arbeit – und vielleicht sogar meinen Kunden?

Neue Konzerne sind sehr geschickt darin, den Interessenten glauben zu machen, dass die Branche zwar einen schlechten Ruf habe, diese neue Firma das aber ganz seriös mache, mit noch nie dagewesenem Provisionsplan, tollen Erfolgsaussichten und so weiter. Die oben stehenden Personen verdienen an den neu Hinzukommenden, und alle bekommen durch geschickte Gehirnwäsche die Illusion, sie könnten in kürzester Zeit auch ganz oben stehen. Aber dieses System kann nur funktionieren, wenn ein Großteil der Beteiligten Geld hineinbuttert, ohne etwas herauszubekommen! Ich war wenigstens so erfolgreich, Null auf Null herauszukommen, allerdings mit dem schlechten Gewissen all denjenigen gegenüber, die ich überredet hatte mitzumachen. Wenn dies eine der betroffenen Personen liest: Ich bitte aufrichtig um Entschuldigung.

Und für alle Menschen, die sich so sehr um ihre Alterssicherung Sorgen machen, hat Robert Betz folgendes geschrieben: »Du hast das Thema ›Arbeit‹ noch nicht begriffen: Es geht hier nicht darum, sich an einem Arbeitsplatz, den man nicht liebt, festzuklammern, um die Rente zu erreichen und fleißig in die Pflegeversicherung einzuzahlen, um sich später ein paar Jahre ins Bett legen zu können, bevor man stirbt. Das ist des Menschen nicht würdig.«[7]

Ich möchte in diesem Kapitel nicht den Eindruck erwecken, dem totalen Müßiggang das Wort zu reden. Ganz im Gegenteil: Es ist in diesem Leben unsere erste Pflicht, für uns selbst sorgen zu können. Um dies zu tun, ist es allerdings nicht nötig, eine Karriere zu machen, die uns und/oder unseren Angehörigen und auch unseren Kunden Schaden zufügt!

> Wir bekommen erst wirkliche Anerkennung von unseren Mitmenschen, wenn wir durch unseren Fleiß und unser Pflichtbewusstsein bereits ernstlichen Schaden genommen haben.

Man hat in dieser Gesellschaft den Eindruck, wir bekommen erst wirkliche Anerkennung von unseren Mitmenschen, wenn wir durch unseren Fleiß und unser Pflichtbewusstsein bereits ernstlichen Schaden genommen haben. Erst wer sich seinen Burnout oder den ersten Herzinfarkt »erarbeitet« hat, erfährt echte

Anteilnahme! Weil er bewiesen hat, dass er nicht faul war und sich richtig angestrengt hat – das ist doch völlig verrückt, oder?

Wenn du zu den Menschen gehörst, die bei diesem Spiel von vorneherein nicht mitmachen, wirst du von allen Seiten missgünstig beäugt. Der Grund für diese Missgunst ist allerdings Neid, denn die anderen Menschen spüren tief in sich, dass sie es auch gerne anders machen würden, aber sich einfach nicht trauen, ihr Leben zu ändern. Dabei könnte es doch eigentlich so einfach sein, wenn die Menschen erkennen würden, dass die Teilnahme an dem in unserer Gesellschaft üblichen »Rat-Race«, dem »Laufen im Hamster-Rad«, mehr schadet als nutzt. In den meisten Berufen könnte man beispielsweise statt 40, 50 oder 60 Stunden pro Woche nur noch sagen wir maximal 30 Stunden arbeiten – damit wäre gleich eine ganze Reihe ernster Probleme gelöst:

- Anstatt dass ein großer Teil der Bevölkerung sich durch Überforderung und Stress krankarbeitet und ein kleinerer Teil gar keine Arbeit hat, kann diese auf alle Menschen verteilt werden.
- Kinder haben deutlich mehr von ihren Eltern. Diese können sich nun selbst um ihre Sprösslinge kümmern (und zwar Mutter und Vater!), statt eine aufwendige und teure Betreuung zu organisieren. Und das wichtigste ist: Die Eltern haben auch wirklich Muße, sich mit ihren Kindern zu beschäftigen!
- Die Menschen haben auch Zeit und Muße, andere Dinge zu tun: einem geliebten Hobby nachgehen, Freizeit mit dem Partner verbringen, die nicht nur auf wenige Stunden am Wochenende beschränkt ist, auch tagsüber hinaus in die Natur gehen, sich sportlich betätigen und so weiter.
- Viele u.a. durch Überarbeitung ausgelöste Zivilisationskrankheiten wie Burnout, Rückenleiden und Depressionen würden signifikant weniger häufig auftreten! Ich denke, auch die Rate der Haupt-Todesursachen in Deutschland, Herz-Kreislauf Erkrankungen und Krebs, würde deutlich sinken.
- Die Menschen hätten Zeit und Muße, sich um das wichtigste Thema im Leben zu kümmern: Ihre Bewusstwerdung! (Beispielsweise durch Yoga, Meditation, Psychotherapie und so weiter.)

Es wäre schön, wenn bald mehr Menschen erkennen würden, dass es weit wichtigere Dinge im Leben gibt als das Ansammeln großer Mengen dieser kleinen, bedruckten Papierscheinchen... Mir ist natürlich bewusst, dass für die skizzierten Veränderungen auch unser Wirtschaftssystem geändert werden muss, aber genau dafür ist es ja allerhöchste Zeit! Die Wirtschaftswissenschaftler glauben doch nicht ernsthaft, Wachstum sei bis in alle Ewigkeit möglich – wie kurzsichtig können diese, an sich recht intelligenten Leute, eigentlich sein? Zum einen widerspricht der Kapitalismus mit seinem »Wachstumszwang« eklatant den Weltgesetzen und zum anderen (hatte ich das bereits erwähnt?) werden wir unseren Planeten mit diesem System in naher Zukunft unbewohnbar machen.

> Es gibt wichtigere Dinge im Leben als das Ansammeln großer Mengen dieser kleinen, bedruckten Papierscheinchen.

Es ist aber bereits jetzt möglich, gerade hier in Deutschland, die volle Verantwortung für sich selbst zu übernehmen, ohne sich permanent zu überanstrengen. Wir müssen dazu nur unsere Gier nach materiellem Luxus und unseren »Vorsorge-Wahn« zügeln. Und es hilft, einfach Prioritäten zu setzen. Überlege, was dir wirklich wichtig ist. Entscheide dich beispielsweise für große, abenteuerliche Urlaube *oder* das neueste Auto, aber nicht für beides. Die verwöhnten Menschen in Deutschland wollen immer alles haben – so wie verzogene, kleine Kinder. Als ich in meinem Leben endlich das Gefühl hatte, ich bin jetzt wirklich für mich selbst verantwortlich, ich verdiene mein eigenes (und genug) Geld in einem Job, den ich wirklich mag (und der weder mir noch anderen Menschen in irgendeiner Form schadet), ich gehe nicht mehr wegen irgendwelcher Ängste zum Arzt, ich weiß genau, was ich gerne machen möchte, ich agiere anstatt nur zu reagieren – da stellte sich ein unglaubliches Gefühl der Zufriedenheit, des Stolzes und des Glücks ein. Ja, ich bin wirklich glücklich. In dem Zusammenhang fällt mir ein altes Zitat ein, das ich vor zehn Jahren noch müde belächelte, dessen Wahrhaftigkeit sich mir aber jetzt offenbart:

Ich schlief und träumte, das Leben sei Freude.
Ich erwachte und sah, das Leben war Pflicht.
Ich handelte und siehe, die Pflicht ist Freude!

Rabindranath Tagore,
indischer Dichter und Philosoph (1861–1941)

8
Ich habe doch keine Zeit!

Kannst du dich noch an Michael Endes »Momo« erinnern? An die »grauen Herren« der Zeitsparkasse, die die Menschen davon überzeugen wollten, ihre kostbare Zeit nur noch für »Nützliches« zu verwenden und bloß keine Minute zu vergeuden? Viele Menschen in unserer Gesellschaft leben tatsächlich so, als säße ihnen einer dieser grauen Herren im Nacken.

Der Gedanke, die Zeit sei grundsätzlich so kostbar und knapp bemessen und man müsse deswegen den Tagesablauf besonders ökonomisch gestalten, ist ein Fluch. Es wird bereits bei der Tagesplanung jedem der vielleicht zwanzig Punkte auf der Liste der an diesem Tag abzuarbeitenden Dinge nur so wenig Zeit zugebilligt, dass eigentlich von vornherein völlig klar ist: Dieser Tag wird quasi im Dauerlauf, ohne Verschnaufpause und ohne die einzelnen Dinge zu würdigen und Freude daran zu haben, absolviert.

Der Gedanke, die Zeit sei grundsätzlich so kostbar und knapp bemessen und man müsse deswegen den Tagesablauf besonders ökonomisch gestalten, ist ein Fluch.

Und dann passiert meist auch noch folgendes: Gleich zu Beginn des Tages, etwa bei Punkt drei auf der Liste, tritt eine Verzögerung ein. Sei es durch einen Verkehrsstau, einen unpünktlichen Mitmenschen oder was auch immer… – Nun hat man sich den Tag endgültig zum Feind erklärt. Denn es wird nun keinesfalls ein anderer Punkt auf der Liste gestrichen, sondern man versucht, den Rest der Aufgaben eben noch schneller und effizienter zu erledigen… Eines erledigt man mit einer derartigen Vorgehensweise ganz sicher: die Freude am Leben.

Selbst wenn wir gerade keine große To Do-Liste abarbeiten möchten, können wir in diesen Zeitstress geraten. Du kennst bestimmt folgende Situation: Ich habe einmal einen Nachmittag frei und überlege, was ich tun könnte. Abends um 20 Uhr bin ich verabredet. Was mache ich bis dahin? Mir fällt ein, ich brauche dringend neue Batterien für meinen Wecker. Ich ziehe also los, um Batterien zu kaufen. Auf dem Weg komme ich am Supermarkt vorbei und denke: »Ich bräuchte ja auch noch die und die Lebensmittel«; da ich schon mal hier bin, gehe ich rein und hole diese. In der Stadt treffe ich einen Bekannten, der mich um einen Gefallen bittet. Selbstverständlich erfülle ich ihm diesen, ich habe ja heute Zeit. Bevor ich den Batterie-Händler meines Vertrauens erreicht habe, kaufe ich aber noch diverse andere Sachen ein, da ich ja nun schon mal unterwegs bin. In dem Moment, als ich an der Kasse stehe, um meine Batterien zu bezahlen, stelle ich erschrocken fest, dass es bereits 19:45 Uhr ist! Und ich müsste ja auch noch etwas essen. – Im Endeffekt komme ich also völlig genervt und zu spät zu meiner Verabredung.

Ich schlage nun folgenden anderen Ablauf dieses Nachmittags vor: Ich nehme mir bereits zu Hause vor, an diesem Nachmittag nur Batterien einzukaufen. Um alle Dinge, die vielleicht sonst noch erledigt werden müssten, könnten oder sollen, kümmere ich mich frühestens am nächsten Tag. Ich fahre also mit dem sicheren Gefühl in die Stadt, dass ich nun etwa vier Stunden Zeit habe, um Batterien einzukaufen. Ich werde am Supermarkt vorbeifahren, ohne hineinzugehen. Ich werde meinem Bekannten in der Stadt sagen, dass ich ihm gerne helfen kann, wir aber dafür bitte eine Verabredung treffen müssen, da ich meinen Tag heute bereits verplant habe (dies ist keine Lüge, denn mein Plan ist es, es mir heute gutgehen zu lassen). Ich kaufe meine Batterien und habe nun Zeit. Ich habe Zeit, um einmal mit offenen Augen durch die Stadt zu laufen. Ich schaue mir Geschäfte an, die ich noch nie beachtet hatte und nehme alles um mich herum ganz bewusst wahr. Irgendwann setze ich mich dann in ein nettes Café, um einfach die Seele baumeln zu lassen.

> Ich bemitleide still und leise diejenigen Menschen, die gestresst und mit einem unglücklichen Gesichtsausdruck vorbeihetzen.

Ich beobachte dabei die Menschen und bemitleide still und leise diejenigen, die gestresst und mit einem unglücklichen Gesichtsausdruck an dem Café vorbeihetzen (und das sind ziemlich viele!). Um 20 Uhr dann bin ich pünktlich und ausgeruht bei meiner Verabredung – ich habe mich an diesem Nachmittag von dem unwürdigen Gefühl des Gehetztseins befreit.

Dies soll natürlich keine Aufforderung zu ständigem Müßiggang sein. Es geht darum, einen freien Nachmittag auch einmal genießen zu können. Solch eine Zeit ist besonders wichtig als Gegenpol zu den anderen Tagen, an denen die Arbeit im Vordergrund steht. Aber auch an den Arbeitstagen gilt: Unser Leben findet im Hier und Jetzt statt! Was gestern war, war gestern, was morgen sein wird, ist morgen. Versuche, mit deinem ganzen Herzen im Hier und Jetzt zu sein, ganz gleich, was du gerade tust. Widme dich mit deinem ganzen Wesen dieser einen Aufgabe, die im Moment ansteht. Und zwar ganz gleich, ob du gerade einen millionenschweren Kunden für deine Firma heranziehst oder ob du zu Hause bist und Kartoffeln schälst.

Das Gebot, immer im Hier und Jetzt zu sein, fällt besonders intelligenten Menschen oft schwer. Gerade bei einfachen und anspruchslosen Tätigkeiten bei der Sache zu bleiben, scheint fast unmöglich, daher kommt wohl auch das Klischee des zerstreuten Professors. Man ist während der Tätigkeit gedanklich ganz wo anders. Das ist sehr schade, denn gerade die intellektuell anspruchslosen Dinge können wir gut nutzen, um unsere Gedankenflut ein wenig einzudämmen. Ich benutze zum Beispiel das Geschirrspülen als eine Art Meditation (früher habe ich es gehasst). Ich versuche, das warme Wasser zu fühlen, die verschiedenen Formen der Teller, Tassen und so weiter zu erfühlen und an nichts anderes zu denken. Und ich versuche, alles so langsam wie möglich zu tun. Interessanterweise bin ich, wenn ich es schaffe, wirklich langsam zu sein, eher damit fertig! Zumindest subjektiv, denn ich bin dann eins mit dem Geschirrspülen, und deswegen vergeht die Zeit wie im Flug. Es kann allerdings auch, und das ist absolut phantastisch, folgendes passieren: Bei solchen intellektuell anspruchslosen Tätigkeiten (es kann auch bei anspruchsvollen Tätigkeiten passieren) ist es gut möglich, dass man durch die Konzentration und Hingabe in einen »flow«* gerät, und dann tatsächlich sehr schnell arbeitet. Und das ohne jegliches Gefühl von Hetze oder Stress!

Sehr viele Menschen in unserer heutigen schnellen, hektischen und reizüberfluteten Welt tragen diese Hektik und Reizüberflutung im Kopf den ganzen Tag mit sich, einige nehmen sie sogar abends mit ins Bett. Das ist in höchstem Maße ungesund und kann uns auch richtig unglücklich machen. Auch wenn im Moment viele Probleme anstehen, vieles noch auf eine Lösung wartet, müssen wir unserem Kopf regelmäßig (wenigstens ein paar Stunden an jedem Tag) eine Auszeit gönnen. Wie mache ich das, wo doch so viele Dinge erledigt, bearbeitet und gelöst werden müssen? Vor vielen Jahren habe ich einmal eine schöne chinesische Weisheit gehört, die sinngemäß wie folgt lautet: Stelle dir einen großen Schrank mit vielen Schubladen vor. In jeweils eine dieser Schubladen packst du jetzt gedanklich eines deiner aktuellen Probleme. Es ist ganz egal, ob du am Ende fünf oder fünfundzwanzig Schubladen gefüllt hast, du musst nur folgende drei Regeln zum Umgang mit deinem Schrank befolgen:

1. Du kannst diese Probleme nur anschauen und über sie nachdenken, wenn die entsprechende Schublade geöffnet ist.

* Ein Begriff aus der Psychologie, der das völlige Aufgehen in einer Tätigkeit bezeichnet. Mihály Csíkszentmihályi gilt als Schöpfer der »Flow-Theorie«.

2. Du darfst immer nur *eine* Schublade öffnen. Wenn eine andere geöffnet wird, muss die erste wieder geschlossen sein.

3. Am Ende des Tages, wenn du zu Bett gehst, müssen *alle* Schubladen geschlossen sein.

Du bestimmst selbst, wann du über was nachdenkst. Du kannst deine Gedanken lenken, anstatt dich von ihnen fernsteuern zu lassen! Probiere es einfach aus. Mache dir für jeden Tag einen Stundenplan, entweder nur gedanklich oder auch tatsächlich auf Papier oder im Kalender deines Smartphones oder wo auch immer. Vermerke dir bereits am Anfang des Tages, wann die Stunden sein sollen, an denen du dir nur Gutes tust, an denen du deinem Kopf eine Auszeit gönnst.

Du bestimmst selbst, wann du über was nachdenkst. Du kannst deine Gedanken lenken.

Viele Menschen sind sehr gut darin, sich das ganze Wochenende zu verderben, weil sie ohne Unterbrechung über einem Problem brüten, welches gerade ansteht. Wenn eine Entscheidung getroffen werden muss, und du hast bereits mehrere Stunden ohne Ergebnis darüber gegrübelt, dann sage zu deinen Gedanken »Stop!« Wenn die Entscheidung noch ein paar Tage Zeit hat, dann vermerke einfach am Samstag Nachmittag in deinem Kalender: »Dieses Problem lasse ich nun ruhen und mache mir erst am Montag Morgen wieder Gedanken darüber.« Interessanterweise ist dann meist nicht nur der Rest des Wochenendes für dich gerettet, sondern du erkennst am Montag Morgen auch gleich die Problemlösung. Meistens ist es gut, ein wenig Abstand zu den Dingen zu haben, um dann alles in einem anderen Licht zu sehen.

Ich möchte noch einmal wiederholen, wie wichtig es ist, mit unseren Gedanken in der Gegenwart zu sein. Wenn du zu Hause gemütlich auf der Couch sitzt und denkst, du müsstest ja eigentlich jetzt dies oder das erledigen, bist du gedanklich in der Zukunft. Und du stresst dich dabei. Entscheide dich einfach direkt: Stehe auf und nimm eine der Sachen, die du im Kopf hast, in Angriff, oder sage dir bewusst: »In der nächsten Stunde werde ich nur gemütlich auf der Couch sitzen, erst danach überlege ich, was als nächstes zu tun ist.« Wenn du dich für Letzteres entscheidest, wird dir diese Stunde wirkliche Entspannung und Freude bereiten, und du hast Schwung und Elan für das, was du dir danach vornimmst.

Wenn wir es schaffen, wirklich gegenwärtig zu sein und uns endlich von der unheilvollen Ansicht »Zeit ist Geld« verabschieden, dann werden auch manche Situationen, die wir normalerweise als unangenehm empfinden, angenehm. Warten ist ein schönes Beispiel. Wann immer Menschen warten müssen, sei es in der Schlange beim Bäcker, im Auto im Stau oder im Wartezimmer des Arztes, werden sie nervös und ungeduldig. Wenn du gegenwärtig bist, kannst du solche Situationen genießen: einfach in dich gehen in einer Art Meditation, das bloße Sein genießen. Fühle deinen Körper, fühle deinen Atem, fühle, wie warm und angenehm das Blut durch deinen Körper fließt... In einem Wartezimmer habe ich beispielsweise schon einmal meditativ mindestens eine halbe Stunde lang eine Fliege beobachtet, die an der Wand entlanglief, ohne dabei an irgend etwas zu denken, außer: Wie schön diese Fliege ist, welch ein Wunder der Natur, wie elegant sie sich bewegt und vieles mehr. Das Wichtigste dabei ist: Denke weder an Vergangenes noch an Zukünftiges! Eckhart Tolle schreibt in diesem Zusammenhang sehr schön: *Sagt also das nächste Mal jemand: »Entschuldige, dass ich dich habe warten lassen«, dann kannst du antworten: »Das ist in Ordnung. Ich habe nicht gewartet. Ich habe hier einfach gestanden und mich wohlgefühlt.«*[8]

9
Schlafe gut

Schlafen ist schön. Und schlafen ist sehr wichtig. Vielen Menschen ist gar nicht bewusst, wie existenziell wichtig der Schlaf für uns ist. Wenn wir eine Liste der wichtigsten Dinge, die der Mensch zum Leben braucht (in der Reihenfolge ihrer Priorität) zusammenstellen, dann sehen die ersten drei Punkte wie folgt aus:

1. Sauerstoff (Atemluft)
2. Wasser und Schlaf
3. Essen

Der Sauerstoff muss an erster Stelle stehen, er ist das Lebenselixier überhaupt. Wir können kaum drei Minuten ohne Sauerstoff überleben. Auf Platz zwei stehen Wasser und bereits der Schlaf auf einer Stufe! Mehr als zwei oder drei Tage ohne Wasser oder ohne zu schlafen sind kaum möglich. Abgeschlagen und deutlich weiter hinten, auf Platz drei, folgt dann erst das Essen, ohne das wir sogar mehrere Wochen überleben können. Mit dem Schlaf sieht das ganz anders aus. Es ist zwar möglich, zumindest einige Tage nicht zu schlafen, aber das ist die Hölle auf Erden. Schlafentzug ist die schlimmste Folter, die man sich vorstellen kann. Bereits eine einzige komplett durchwachte Nacht reicht bei den meisten Menschen aus, um sich am kommenden Tag richtig schlecht zu fühlen.

Nach einigen Tagen ohne Schlaf sind wir nur noch ein Schatten unserer selbst. Die Konzentrationsfähigkeit und Intelligenz sinkt auf das Niveau eines geistig Behinderten, und es können Angstzustände oder sogar eine Psychose ausgelöst werden.

Wir können Wachen und Schlafen den Grundpolaritäten zuordnen. Das Tag-Bewusstsein entspricht dem männlichen, aktiven, rationalen Tag-Prinzip, und der Schlaf, das Eintauchen in das Unbewusste, das Loslassen vom aktiven Handeln, entspricht dem weiblichen, passiven, intuitiven Nacht-Prinzip. In der Nacht kommen wir in Kontakt mit unserem Urgrund, wir haben Verbindung mit dem Jenseits. Unser Verstand hat hier nichts zu sagen, und unser »Selbst« erwacht. Das Einschlafen unseres Verstandes bewirkt das Aufwachen des »Selbst«.

Man kann hier gut die Parallele zum Sterben erkennen. Der Tod wird ja auch »Schlafes Bruder« genannt. Unser körperlicher Tod bewirkt, analog zum Einschlafen, das Erwachen unseres »Selbst« im Jenseits…

Aus der Verbindung zum Jenseits fließt uns Energie zu, regenerierende Lebensenergie, die wir aus keiner anderen Quelle bekommen können. Du musst es dir vorstellen wie ein viertes Element. Neben Luft, Nahrung und Flüssigkeit, welche für uns lebenswichtig sind, brauchen wir auch noch diese Energie, die wir beim Schlafen aufnehmen. Eine weitere wichtige Funktion des Schlafens ist das Integrieren der Erlebnisse des vergangenen Tages. Alles Erlebte wird in der Nacht in den Träumen verarbeitet, einsortiert und in unsere Persönlichkeit integriert. Diese Funktion erklärt auch, warum Kinder mehr Schlaf benötigen als Erwachsene, und Erwachsene immer weniger Schlaf brauchen, je älter sie werden. Für ein Kind ist ein erheblicher Anteil dessen, was es an einem Tag erlebt, neu. Deswegen muss bei Kindern nachts mehr geordnet und integriert werden als bei älteren Menschen.

Aus der Verbindung zum Jenseits fließt uns Energie zu, regenerierende Lebensenergie, die wir aus keiner anderen Quelle bekommen können.

Die Menschen in unserem Kulturkreis leiden außerordentlich häufig an Schlafstörungen. Und das ist überhaupt nicht verwunderlich. Es ist vielmehr die logische Konsequenz aus unserem überbetonten Intellekt und Ego, unserem Machtstreben und dem »Alles-unter-Kontrolle-haben-Wollen«.

Gleichzeitig leiden wir unter einem großen Mangel an Urvertrauen und Hingabefähigkeit. Alles, was wir dem weiblichen, intuitiven Prinzip zuordnen können, kommt in unserer modernen Gesellschaft viel zu kurz, ja, wir haben regelrecht Angst vor allem Unbewussten, wir fürchten den Kontrollverlust. Zum Schlafen müssen wir lernen, die Kontrolle abzugeben. Völlige Hingabe im Sinne des christlichen *Dein Wille geschehe* ist hier gefordert…

> Wir leiden unter einem großen Mangel an Urvertrauen und Hingabefähigkeit.

Wir können grob zwei unterschiedliche Arten von Schlafstörungen unterscheiden: Die Einschlafstörungen und die Durchschlafstörungen. Wer lediglich Schwierigkeiten mit dem Einschlafen hat, dann aber, wenn er eingeschlafen ist, lange und erholsam die ganze Nacht schläft, hat weniger Probleme als jene Menschen, die zwei Stunden nach dem Einschlafen wieder wach sind und dann nicht weiterschlafen können. Bei Letzteren sitzt die Problematik tiefer, es muss hier ein innerer Konflikt vorliegen, der über das bloße »Nichtloslassen-Können« hinausgeht.

Was können die Betroffenen jetzt tun? In einem Satz:

Der Schlaflose muss anfangen, sich mit der Nachtseite seiner Seele auseinanderzusetzen (möglicherweise das erste Mal in seinem Leben überhaupt). Er kann sich in innerer Einkehr üben und sollte sich auch bewusst mit dem Tod beschäftigen. Sehr wahrscheinlich besteht ein großes Tabu um dieses Thema und auch große Angst vor dem Tod. Das Einschlafen ist, wie gesagt, dem Sterben ähnlich. Wir müssen in beiden Fällen von unserer Ego-Dominanz ablassen. (Und wir können tatsächlich auch lernen, unsere Angst vor dem Tod zu verlieren.*) Auf jeden Fall ist ein radikales

> Der Schlaflose muss anfangen, sich mit der Nachtseite seiner Seele auseinanderzusetzen.

* Siehe Kapitel 15

Umdenken, ja wahrscheinlich sogar eine komplette Umstellung des Lebens nötig. Auch ist es hilfreich, sich einem guten Psychotherapeuten anzuvertrauen (es sollte natürlich ein Therapeut sein, der um die geschilderten Zusammenhänge weiß). Möglich ist natürlich auch, dass lediglich ein aktueller Konflikt, den wir relativ schnell lösen können, uns nicht zur Ruhe kommen lässt. Unser Körper kann uns durch Schlafstörungen signalisieren, dass etwas nicht in Ordnung ist. Möglicherweise machen wir eine Arbeit, die uns nicht guttut, oder in unserer Liebesbeziehung stimmt etwas nicht oder ähnliches.

Wenn Schlafstörungen ganz plötzlich auftreten oder so extreme Ausmaße annehmen, dass nur noch ganz wenig bis gar nicht mehr geschlafen wird, ist es absolut legitim und angezeigt, sich übergangsweise mit Medikamenten zu helfen. Ich muss an dieser Stelle einmal eine Lanze für die von mir viel gescholtene Schulmedizin brechen. Die Wirkung der Beruhigungs- und Schlaftabletten heutzutage ist beeindruckend. Auch das Abhängigkeitspotenzial ist mittlerweile deutlich gesenkt worden. Ich kann wirklich nur empfehlen, wenn die Problematik massiv ist, für eine Übergangszeit(!) auch diese chemische Hilfe in Anspruch zu nehmen.

Eine Sache ist dem Schlaf noch besonders zuträglich: Tue es nachts. Wir Menschen sind genetisch festgelegt, am Tag aktiv zu sein und in der Nacht zu schlafen. Auch wenn einige Leute von sich sagen, sie seien Nachtmenschen und arbeiten auch gerne nachts – gesund ist das nicht. Unsere innere Uhr ist nicht umstellbar! Es ist immer eine besondere Belastung, wenn Menschen nachts arbeiten müssen. In manchen Berufen ist es natürlich unumgänglich, in Krankenhäusern oder im Polizeidienst etwa. Allerdings gibt es auch sehr viel vermeidbare Nachtarbeit, zum Beispiel in der Industrie oder am Flughafen. Ein wirkliches Nachtflugverbot wäre hier gleich in mehrerlei Hinsicht eine tolle Sache: Weniger Lärm, weniger Emissionen, weniger Nachtarbeit!

Bei Schlafproblemen ist eines am allerwichtigsten: Mache dich nicht verrückt und setze dich nicht unter Druck!

Wenn du unter Schlafproblemen leidest, ist eines am allerwichtigsten: Mache dich nicht verrückt und setze dich nicht unter Druck!

Wenn du mit sorgenvollen Gedanken ins Bett gehst, wie beispielsweise: »Hoffentlich kann ich heute endlich gut schlafen«, wird mit hoher Wahrscheinlichkeit das Gegenteil eintreten. Der Schlaf lässt sich eben gerade nicht erzwingen. Die Menschen, die im Alltag mit ihrer erfolgreichen Karriere, ihrem eisernen Willen und oft aufgeblasenem Ego alles erreichen, können hier rein gar nichts bewirken! Gefragt ist die Fähigkeit zur Hingabe, du musst einfach loslassen können...

Folgende Haltung hat sich für mich beim Zu-Bett-Gehen als sehr hilfreich bewährt. Ich sage zu mir selbst: »Wenn ich heute Nacht gut schlafen kann, freue ich mich. Wenn es nicht klappen sollte, dann ist es eben so, ich kann es nicht ändern, und es ist auch kein Weltuntergang.« Ich genieße den Moment. Ich strecke mich und freue mich, dass ich jetzt in diesem warmen und kuscheligen Bett sein darf und nichts anderes tun muss. Ich denke auch an den morgigen Tag, mache Pläne, was ich tun möchte, freue mich schon auf den leckeren Kaffee nach dem Aufstehen und so weiter. Und wichtig: Ich lasse keine sorgenvollen Gedanken zu. Noch eine Kleinigkeit hat mir geholfen: Wenn ich nachts unfreiwillig wach sein sollte, bei Vollmond beispielsweise passiert es mir noch immer, mache ich folgendes: Bevor ich aufstehe, um etwas zu essen, ein Buch zu holen oder so etwas, drehe ich mit geschlossenen Augen meinen Wecker zur Wand! Ich möchte gar nicht wissen, wie spät oder wie früh es bereits ist, wie lange ich noch Zeit habe zu schlafen, bevor ich aufstehen muss. Dann stresst es mich erheblich weniger, und ich kann am nächsten Tag gar nicht sagen, wann oder wie lange ich wach war. – Manchmal ist es auch gut, Dinge nicht zu wissen.

Wenn du es irgendwann schaffst, deine Lebensangst vollständig zu verlieren, weil du tief in dir spürst und die Gewissheit hast, dass dir nichts passieren kann in dieser Welt, dann musst du dir über dieses Thema sowieso keine Gedanken mehr machen: Du wirst dann in aller Regel schlafen wie ein Baby im Arm seiner Mutter.

Teil II

»You'll always be a baby to me.«*

Roger Waters, »Mother«,
auf Pink Floyd, *The Wall*

* »Für mich wirst du immer ein Baby bleiben.«

10

Meine Mutter, die »Hexe«

Als Einleitung zum zweiten Teil meines Büchleins möchte ich auf das Thema zurückkommen, welches mir am meisten am Herzen liegt. Einer der Hauptgründe, warum ich dieses Buch schreibe, ist, in Erinnerung zu rufen, dass wir alle spirituelle Wesen sind. Ein Mensch besteht eben aus weit mehr als nur seinem Fleisch und Blut. Es steckt der göttliche Funke in jedem von uns! Und unser Bewusstsein, diese Empfindung, die wir »Ich« nennen, ist nicht das Produkt der biochemischen Prozesse unseres Gehirns. Diese Prozesse werden vielmehr durch unser Ich erst in Gang gesetzt.

Unser Bewusstsein ist eine eigene, vom materiellen Körper unabhängige Existenz. Ob wir diese nun Seele oder Astralkörper oder wie auch immer nennen, ist völlig gleichgültig.

> Unser Bewusstsein ist eine eigene, vom materiellen Körper unabhängige Existenz.

Zwischen Menschen, die sich sehr nahestehen, besteht eine besondere Verbindung. Diese Verbindung kann so stark sein, dass sie bis ins Jenseits reicht; ihre Seelen haben Kontakt zueinander. Es gibt unzählige Berichte von Menschen, die über große Entfernungen hinweg gespürt haben, wenn zum Beispiel einem nahestehenden Menschen etwas zugestoßen ist. Sie wissen auf die Sekunde genau, dass etwas geschehen ist, oft können sie sogar ganz genau sagen, was diesem geliebten Menschen widerfahren ist. Besonders häufig besteht eine solche spirituelle Verbindung zwischen Müttern und ihren Kindern. Ich möchte hier nur von ein paar wenigen Begebenheiten berichten, die zeigen, welche übernatürlichen Sinne meine Mutter hat. Und sie hatte früher sogar eindeutige Vorahnungen; sie konnte einige Ereignisse bereits sehen, bevor sie passiert sind! Ich habe sie dazu vor kurzem noch einmal befragt, und sie verbürgt sich dafür, dass diese Beispiele absolut wahr sind (in allen genannten Fällen können es außerdem die beteiligten Personen bestätigen).

- Meine Eltern besuchten meinen Bruder, kurz nachdem dieser nach Berlin gezogen war. Sie fuhren mit dem Auto. In der Nacht, nachdem sie angekommen waren, wachte meine Mutter um vier Uhr morgens auf, weckte meinen Vater und fragte ihn, ob er denn Geld und Papiere aus dem Auto mitgenommen habe. Er verneinte dies, woraufhin sie sich um diese nachtschlafende Zeit anzog, zum Auto ging und Geld und Papiere holte. Als mein Vater um acht Uhr morgens aus der Wohnung kam, um noch andere Sachen zu holen, war das Auto weg! Gestohlen.
- Meine Eltern waren im Urlaub in Ungarn. Meine Schwester hatte noch nicht allzu lange Auto und Führerschein. Meine Mutter sagte im Urlaub zu meinem Vater und den Freunden, die mitgefahren waren, ganz spontan, dass meine Schwester einen Autounfall gehabt habe. Aber sie wolle gar nicht zu Hause anrufen, denn es sei ja nichts Schlimmes passiert, nur ein Blechschaden. Eine Woche später, als sie wieder daheim waren, stellte sich heraus: Meine Schwester hatte genau an dem besagten Tag und zu dieser Uhrzeit einen kleinen Unfall! Es wurde niemand verletzt, sie hatte nur eine kleine Delle im Auto.
- Mein Bruder war zwischen Heidelberg und Frankfurt nachts auf der Autobahn unterwegs. Meine Mutter schreckte zu Hause aus dem Schlaf hoch, weckte meinen Vater und sagte: »Unser Sohn hat einen schlimmen Autounfall!« Am nächsten Morgen stellte sich heraus, dass mein Bruder in dieser Nacht einen krassen

Unfall hatte: Er war durch Sekundenschlaf unter einen LKW gefahren! – …und hat es mit kleinen Verletzungen überlebt.

- Meine Mutter sagte zu meinem Bruder, der zu einer Tagung in eine andere Stadt musste: »Pass heute Abend auf, ich glaube du verlierst deinen Führerschein!« Mein Bruder hat tatsächlich abends mit den Kollegen ordentlich gefeiert und wollte (die Mahnung meiner Mutter im Hinterkopf) im Auto schlafen. Er musste dazu das Auto nur noch umparken – er ist dabei allerdings von einem Passanten beobachtet worden, der die Polizei gerufen hat. Der Führerschein war weg!

Mein Vater sagte früher manchmal zu meiner Mutter, halb im Scherz und halb vor unglaublicher Verblüffung: »So jemanden wie dich hätte man früher auf dem Scheiterhaufen verbrannt!«

Meine Mutter – sie hat natürlich einen großen Anteil daran, dass ich so lange gebraucht habe, um den Mut zu haben, der für das Leben gefordert wird. Sie war eine gluckenhafte und überbehütende Mutter.

Aber kann man einem Menschen böse sein, weil man zu sehr geliebt wird? Ich denke, nein. Menschen suchen gerne die Auslöser ihrer Probleme in der Kindheit. Es entsteht dabei natürlich ein starker Groll gegen die Eltern, die offenbar nichts wirklich richtig gemacht haben. Eine Aussöhnung mit den Eltern, mit denen man möglicherweise bereits seit vielen Jahren nicht mehr eng verbunden war, fällt dadurch um so schwerer.

> Kann man einem Menschen böse sein, weil man zu sehr geliebt wird? Ich denke, nein.

Der Mitbegründer der Gestalttherapie, Fritz Perls, sagte einmal zu einer Therapiegruppe, genervt darüber, dass wieder gemeinsam leidenschaftlich auf die Eltern geschimpft wurde: »Götter wären euch wahrscheinlich gerade recht gewesen!«[9] Selbstverständlich machen Eltern Fehler, und die von Siegmund Freud und anderen Kapazitäten auf dem Gebiet der Psychotherapie herausgearbeiteten Zusammenhänge werden hier nicht bestritten. Das Verhalten unserer Eltern ist aber nicht die Ursache unserer Probleme, vielmehr sorgen sie, quasi »im Auftrag«, für genau die Problemlage, welche für unsere Seele in diesem Leben sinnvoll ist, um Fehlendes zu lernen, zu integrieren.

> Die Eltern handeln im Dienste unseres Schicksals.

Die Eltern handeln also im Dienste unseres Schicksals… Wenn wir dies wissen, fällt es uns leichter, auch einmal dankbar zu sein, anstatt unsere Eltern für den Rest unseres Lebens zu verurteilen; dankbar, dass sie uns auf die Welt gebracht haben; dankbar, dass sie die großen Mühen und Anstrengungen auf sich genommen und uns beschützt haben, bis wir erwachsen waren. Und wir können davon ausgehen, dass sie mit den besten Absichten handelten.

Durch das Fehlverhalten der Eltern haben einige Menschen ganz erhebliche Probleme, die sie möglicherweise nie vollständig lösen können. Es erscheint daher sehr ungerecht, wie viel Leid einzelnen Menschen vom Schicksal aufgebürdet wird, während andere (scheinbar) ein Leben im Glück genießen. Aber bedenke eines: Wer mit zehn Millionen auf dem Bankkonto und einem Caipirinha in der Hand seine Tage in Südfrankreich am Strand verbringt, wird niemals auf die Suche nach der wirklichen Glückseligkeit gehen – denn diese liegt hinter den weltlichen Dingen, hinter dem Schleier der »Maya«*… Wir brauchen die Probleme in unserem Leben, damit unsere Entwicklung nicht stillsteht.

Es gibt allerdings auch Szenarien, bei denen ein Verzeihen oder Dankbarkeit gegenüber den Eltern beinahe unmöglich erscheint. Menschen, die beispielsweise sexuellem Missbrauch ausgesetzt waren, können für ihr gesamtes Leben traumatisiert sein! Auch wenn ich von der Gültigkeit der geschilderten Zusammenhänge überzeugt bin, so gibt es derartige Extremfälle, die einen an der Sinnhaftigkeit des Geschehens zweifeln lassen. Der Begriff »Trauma« bezeichnet ein Erlebnis, das zu schrecklich für das Kind (oder auch den Erwachsenen) ist, um es verarbeiten zu können. Es muss aus dem Bewusstsein verdrängt werden, damit die Person

* »Maya« = Illusion, Täuschung. Die Weisen im Osten bezeichnen damit unsere materielle Welt, die nicht die wirkliche Welt ist. Es gilt, durch Bewusstwerdung die Täuschung zu erkennen.

überhaupt weiterleben kann! Da stellt sich natürlich die Frage, wie unter diesen Umständen ein vom Schicksal erwünschter Lerneffekt stattfinden soll… An dieser Stelle kann ich zur Zeit leider auch keine Erklärung anbieten.

> Dieser Entwicklungsweg war für mich vorgesehen, damit ich demütiger werde.

Ich jedenfalls bin meiner Mutter dankbar.

Zum einen weiß ich heute, dass dieser Entwicklungsweg (mit den großen Problemen) für mich vorgesehen war, damit ich demütiger werde und eben nicht eine Karriere mache, die vermutlich wieder der Auslöser für anderer Menschen Leid gewesen wäre und die mich höchstwahrscheinlich auch am Wichtigsten gehindert hätte: meiner Bewusstwerdung! Zum anderen trage ich diese riesengroße Menge Liebe mein ganzes Leben lang in mir und bin dadurch auch selbst in der Lage, so grenzenlos zu lieben, im Gegensatz zu Menschen, die in ihrer Kindheit zu wenig Liebe erfahren haben und mit einem verhärteten Herzen durch das Leben gehen müssen.

11
Mein Erwachen

Es war ein Frühjahrsmorgen im Jahr 1999. Ich war bereits seit ungefähr einer Woche äußerst angespannt und sehr nervös, weil ich einen neuen Job bekommen hatte. Das heißt genauer: Ich wurde befördert in dem Callcenter, in dem ich zu dieser Zeit gearbeitet habe. Es war eigentlich nur ein Nebenjob, denn ich war noch im Fachbereich Sozialarbeit als Student eingeschrieben. Meine Chefin mochte mich sehr und traute mir auch einiges zu. Sie beförderte mich zum Supervisor in ihrem Callcenter. Zunächst war ich sehr stolz und freute mich auf die neue Aufgabe. Aber es dauerte nur einen einzigen Tag, und ich bekam kalte Füße. Mein mangelndes Selbstbewusstsein zu dieser Zeit und ein Kollege, der offen sagte, dass er mich nicht für qualifiziert hielt, sein Vorgesetzter zu sein, machten mir sehr zu schaffen (ich hatte zu der Zeit nur rudimentäre Computerkenntnisse, was eine schlechte Voraussetzung für den Team-Leiter in einem Callcenter darstellt).

An besagtem Morgen war ich nervös und aufgeregt, und unterschwellig rumorte Angst. Ich saß aufrecht in meinem Bett und hatte leichte Halsschmerzen. Ich dachte noch: »Jetzt wirst du auch noch krank und kannst nicht zur Arbeit gehen.« Dann wollte ich Fieber messen. Ich wusste, mein Fieberthermometer liegt in meiner

Nachttischschublade. Ich hatte es mit Sicherheit auch seit mindestens einem Jahr nicht mehr in der Hand gehabt. Aber in der Schublade war es nicht. Ich war total genervt und nervös, als ich mich herumdrehte und – das Thermometer, das ich seit zwölf Monaten nicht mehr in der Hand gehabt hatte, lag genau vor mir auf meiner Bettdecke! Ich nahm es in die Hand und schaute – ich weiß nicht warum – nach oben an meine Zimmerdecke und sagte: »Danke!«

Was dann passierte, ist das Unglaublichste, Schönste, unbeschreiblich Phantastischste, was mir je widerfahren ist. Ich war innerhalb einer Millisekunde eingehüllt in die größte Liebe, die es nur geben kann! Ich fiel auf meinen Rücken und badete in der reinen Glückseligkeit! Ich kann es nicht anders beschreiben. Ich lag, nein, ich würde sagen, ich schwebte über meinem Bett, und über mir erschien das Gesicht eines alten Mannes mit weißem Bart und weißem, langem Haar (welch ein Klischee, ich weiß…*). Das Gesicht dieses Mannes war so freundlich und voll von unendlicher Güte. Und genauso freundlich und gütig erklang seine Stimme – diese Stimme war die Liebe selbst! Er sagte: »Mache dir nicht so viele Sorgen um Unnötiges… Das Leben ist gar nicht so schwer, wie du denkst… Du musst keine Angst haben.«

Das war's. Vielleicht ein bis zwei Minuten, würde ich schätzen – aber es war großartig! Nie vorher und nie mehr seitdem habe ich diese unendliche Liebe und Glückseligkeit gespürt! Ich kann mir jetzt, fast siebzehn Jahre später, dieses Gefühl immer noch ganz genau in Erinnerung rufen. Das erste, was ich nach dieser Epiphanie gemacht habe, war meine Freundin anzurufen. Ich habe ihr unter Tränen erzählt, dass ich Gott begegnet bin und dass sie recht hat! (Sie war gläubig und hatte öfter einmal Diskussionen mit mir, dem damaligen Atheisten…) Ich war so glücklich, und ich verspürte einen ganz intensiven Frieden in mir, den Frieden, mit dieser Welt im Einklang zu sein.

* Wenn ich nicht in unserer christlichen Kultur leben würde, hätte Gott sich mir mit entsprechend anderem Antlitz offenbart. Er zeigt sich den Menschen so, wie sie es tief in sich erwarten.

Allerdings waren meine Probleme dadurch noch nicht gelöst. Meine Ängste saßen tief (die Gründe für diese erläutere ich im nächsten Kapitel), sie konnten nicht einfach von heute auf morgen aufgelöst werden. Und vor allem musste ich dies selber tun, man kann diese Bürde nicht abgenommen bekommen. In den darauf folgenden Jahren musste ich lernen, den Mut zu fassen, mich meinen Ängsten zu stellen. Und das war alles andere als leicht, aber ich habe es geschafft. Und ich hätte es nie und nimmer geschafft, wenn sich mir das Jenseits nicht an diesem Frühjahrsmorgen im Jahr 1999 offenbart hätte.

12
Angst

Die Angst ist in meinem Leben immer ein sehr treuer Freund gewesen. Manchmal waren wir ständig zusammen, manchmal hatten wir uns Jahre nicht gesehen, aber niemals haben wir uns aus den Augen verloren. Obwohl, seit etwa vier bis fünf Jahren, seit ich mich selbst als wirklich erwachsen bezeichne, war sie eigentlich nicht mehr da. Zumindest nicht so nahe wie früher, wir haben höchstens einmal telefoniert... Aber ich möchte den Kontakt auch nicht ganz verlieren. Es ist wichtig, manchmal auch Angst zu spüren. Außerdem ist Angst absolut lebensnotwendig. Wenn wir keine Angst empfinden könnten, würden wir beim Überqueren einer Hauptstraße einfach vom nächstbesten LKW überfahren.

Ich möchte nicht zu detailliert auf meine Lebensgeschichte eingehen, aber einiges muss ich berichten: Ich bin in dem Spannungsfeld zwischen meinem recht eingefahrenen, cholerischen und immer zu viel arbeitenden Vater, meiner unglaublich tollen aber auch überfürsorglichen Mutter und einer mich zusätzlich behütenden Großmutter aufgewachsen. Dazu kam noch die Ambivalenz zwischen einer angepassten und pflichtbewussten Schwester, sechs Jahre älter als ich, und einem hedonistischen und äußerst selbstbewussten Bruder, der elf Jahre älter ist. Ihn hatte ich einige Jahre lang, als ich noch recht jung war, bewundert. In dieser Ausgangssituation war es für mich zum einen sehr schwer, mir einen Menschen zum Vorbild zu nehmen. Mein Vater konnte es gewiss nicht sein, mein Bruder, nach genauerem Hinsehen, auch nicht. Außerdem konnte ich einfach kein stabiles Selbstbewusstsein aufbauen. Zu allem Überfluss habe ich dann auch noch etwa acht Jahre lang die schwere Herzkrankheit meines Vaters miterlebt (von meinem 16. bis 24. Lebensjahr), bis er dann gnädigerweise durch den Tod endlich von seinem Leid erlöst wurde.

Bei allen Dingen, in denen ich gut war, wie zum Beispiel in der Schule Mathematik, Physik und Fußballspielen, später dann Badminton und Schlagzeug spielen, war ich mir nicht ganz sicher. Ich war mir nicht sicher, ob ich wirklich gut bin,* habe einfach nicht wirklich an mich geglaubt. Und es kam dann auch bald zu einer Katastrophe: Kurz vor dem Abitur bin ich völlig zusammengebrochen. Und ich hatte in den letzten fünfundzwanzig Jahren immer wieder Phasen, in denen ich die größten Probleme hatte, in denen mich meine Ängste einfach übermannt haben.

Die zentrale Angst in meinem Leben, durch die Erlebnisse mit meinem Vater, war die Herzneurose. Ich hatte immer wieder und manchmal ständig das Gefühl, mein Herz würde stehenbleiben und ich müsste auf der Stelle sterben. Dieses Szenario wird von Ärzten und von Außenstehenden oft belächelt, aber es fühlt sich so echt an; es fühlt sich an, als würdest du wirklich sterben! Die Angst ist so intensiv, man kann es nicht beschreiben (jede Angst ist in letzter Konsequenz die Angst vor dem Tod, bei anderen Ängsten ist der Zusammenhang nur nicht so klar, nicht so offensichtlich, wie bei einer Herzneurose). Die Argumentation der Ärzte war stets wie folgt: »Machen Sie sich bewusst, dass Ihr Herz gesund ist. Sie müssen hier keine Probleme befürchten, es kann Ihnen nichts passieren!« Es ist nur leider so, dass Angstneurosen sich nicht darum

* Beim Schlagzeugspielen war meine Unsicherheit sehr deutlich. Ich bin erst Mitte der 90er Jahre ein wirklich guter Schlagzeuger geworden. Die einzige Ausnahme war das Motorradfahren: Hier fühlte ich mich von Anfang an versierter und sicherer als auf meinen eigenen Füßen!

scheren, was wahrscheinlich ist oder nicht. Die Argumentation der Ärzte hat mir also nicht geholfen – aber nach vielen Jahren konnte ich mir selbst helfen…

In einer meiner Krankheitsphasen, es war im Jahr 2006, war ich völlig verzweifelt. Die Angst hatte sich in eine tiefe Depression gewandelt. Das ist ein übliches Geschehen, der Körper kann permanente Angst einfach irgendwann nicht mehr aushalten und schaltet um auf Depression – vom Regen in die Traufe! Angst bedeutet viel Energie, alles ist in Bewegung, Depression hingegen ist dann totaler Stillstand – keine Energie mehr und völlige Hoffnungslosigkeit… Ich hatte mit dem Leben abgeschlossen. Ich hatte Suizidgedanken und diesbezüglich auch bereits konkrete Pläne gemacht. Ich kannte ein hübsches, sehr hohes Gebäude, von dem man gut hätte springen können, mit Sicherheit, ohne zu überleben. Bei der Durchführung meiner Pläne hat mich dann glücklicherweise der Mut verlassen.

Ein paar Stunden später habe ich mir gesagt: »Du gehst jetzt raus und lebst dein Leben, egal was passiert!«

Und ich habe die Angst laut angesprochen, ich habe ihr den ausgestreckten Mittelfinger gezeigt und gesagt: »Wenn ich jetzt sterben muss, dann sterbe ich eben. Es ist mir egal. Ich will so nicht mehr weiterleben!« Ich habe den Mut aufgebracht, dies aus tiefster Überzeugung zu sagen. In der darauffolgenden Nacht wachte ich auf mit der schlimmsten Todesangst, die ich je hatte! Ich dachte einen Moment lang, in einem letzten, intensiven Angstgefühl, dass ich definitiv jetzt sterben werde. Die Angst war aber direkt wieder weg, noch bevor das Gefühl zu sterben vorbei war! Das war eine unglaubliche Erfahrung. Unmittelbar nach der Todesangst gewann ein angenehmes, schönes Gefühl die Oberhand – dann war Frieden. Ein ähnlicher Frieden wie nach meiner Begegnung mit Gott. Und danach rückte ein ganz anderes Gefühl in den Vordergrund: Stolz! – Ich war das erste Mal in meinem Leben wirklich mutig gewesen! Ich habe mich der Angst, die mein Leben seit so vielen Jahren eingeschränkt hatte,

»Wenn ich jetzt sterben muss, dann sterbe ich eben. Es ist mir egal. Ich will so nicht mehr weiterleben!«

wirklich gestellt. Ich hatte mich dem Ur-Grauen wirklich ausgesetzt. Und: Ich hatte in diesem Moment keine Angst vor dem Tod! Ich wollte aus tiefstem Herzen lieber sterben als so weiterleben.

Entscheidend war dabei: Ich wusste, ich bin eingebettet in eine höhere Ordnung. Meine Seele wird nicht sterben und meine Existenz nicht mit dem physischen Tod enden! Ich denke, es ist unmöglich, ohne diesen Glauben den erforderlichen Mut aufzubringen. Das eingangs erwähnte Mantra der Ärzte »Machen Sie sich bewusst, dass Ihr Herz gesund ist. Sie müssen hier keine Probleme befürchten, es kann Ihnen nichts passieren!« ist also bestenfalls eine vorübergehende Beruhigung. Um von der Angst wirklich frei zu sein, müssen wir es ersetzen durch folgende Erkenntnis: »Selbstverständlich befinde ich mich in Lebensgefahr, und zwar zu jeder Minute meiner Existenz. Aber wenn ich morgen sterben sollte, ist das in Ordnung.«

Die Angst hat seitdem keine wirkliche Macht mehr über mich. Allerdings muss ich diese mutige Haltung bewahren, immer wieder Mut beweisen, sonst wird die Angst in einem unbedachten Moment wieder zuschlagen. Es gibt noch Situationen, in denen ich sie spüre, zumal ich leider (oder vielleicht ist es auch gut so, damit ich am Ball bleibe) tatsächlich gesundheitlich etwas eingeschränkt bin. Ich habe durch mein »Schonverhalten« in diesen teilweise langen Angstphasen und die viel zu lange Einnahme von Betablockern ein Fitness-Problem. Die Medikamenteneinnahme war nötig, weil ich eine Zeit lang an Herzrhythmusstörungen litt. Sie wurde aber leider viel zu lange, auch durch Angst auf Seiten der Ärzte, beibehalten. Ich bin nun körperlich nicht so leistungsfähig, wie ich es meinem Alter entsprechend sein sollte. Aus diesem Grund kann ich im Moment nicht aktiv in einer Rockband Schlagzeug spielen, was ich unheimlich gerne wieder machen möchte. Aber der Arzt meines Vertrauens sagt, ich sei noch nicht zu alt, dies durch Training wieder zu verbessern – auf jeden Fall werde ich der Angst nie mehr erlauben, mein Leben einzuschränken!

Für alle betroffenen Angstneurotiker habe ich nun eine Nachricht, die sowohl gut als auch schlecht ist: Ja, es ist möglich, die

Problematik vollständig in den Griff zu bekommen. Allerdings nur, wenn du dich mutig genau den Dingen stellst, vor denen du die größte Angst hast – einen anderen Weg gibt es nicht.

13

Die Beichte

Es gibt viele Gründe, sich über die katholische Kirche aufzuregen. Angefangen bei ihrer Intoleranz gegenüber Andersdenkenden, über den unsinnigen Zölibat und die damit verbundenen immer wieder auftretenden Missbrauchsfälle bis zur immer noch andauernden Unterdrückung von Frauenrechten… Zum Glück gibt aktuell unser neuer Papst Franziskus Anlass zu großer Hoffnung auf einen Wandel in vielen Bereichen. Er betont ausdrücklich, die katholische Kirche sollte wieder eine Kirche für die Armen und Schwachen werden. Auch seine vernichtende Kritik am Kapitalismus ist in Aussage, Schärfe und Deutlichkeit sehr eindrucksvoll. Ich wünsche ihm von Herzen alles Gute und viel Glück für seine Reformvorhaben.

Noch immer bin ich Mitglied in der katholischen Kirche. Warum? Weil ich zum einen denke, wir müssen diese letzten Außenposten, die wenigen Verkünder von Spiritualität, die es in unserer traurigen »Wissenschaftswelt« noch gibt, dringend unterstützen.

> Ein katholischer Pfarrer hat mich im Jahre 2008 gerettet.

Zum anderen aber auch, weil ein katholischer Pfarrer mich im Jahre 2008 gerettet hat. Ich war in besagtem Jahr noch einmal in eine große Lebenskrise geraten. Grund dafür war die schlagartige Erkenntnis, dass ich mich bis dahin viel zu wenig um meine Tochter gekümmert hatte. Meine Tochter wurde 1990 geboren, und sie ist das Produkt einer kurzen, leidenschaftlichen Liason, die aber nie eine wirkliche Beziehung geworden ist. Wir haben nie zusammen gewohnt, und in den ersten Jahren habe ich sie auch nicht oft gesehen. Ich hatte auch nicht das Bedürfnis, sie öfter zu sehen. Ich war einfach überfordert mit der Situation, so früh und ungewollt Vater geworden zu sein. Wir haben zwar immer wieder Kontakt gehabt, und mit ihrer Mutter gab es auch keinen Streit oder ähnliches. Aber ich war sicher auch kein liebevoller Vater.

Im Frühjahr 2008 ging es mir innerhalb weniger Tage sehr schlecht. Ich konnte nicht mehr klar denken, kaum schlafen, es war eine schreckliche Zeit. Dieses Mal stand nicht Angst im Vordergrund der Symptomatik, sondern schlicht das Gefühl, verrückt zu werden. Und mit einem Mal, als hätte jemand mir einen Schleier vor den Augen weggezogen, war mir klar, warum ich gerade jetzt so leiden musste: Ich hatte ein unglaublich schlechtes Gewissen meiner Tochter gegenüber! Es war kurz vor ihrem 18. Geburtstag, und mir wurde bewusst, was ich alles versäumt hatte, wie viel Liebe meine Tochter nicht von mir bekommen hatte bis dahin. Diese Liebe steckte aber tief in mir und wollte raus, sie wollte zu ihr!

Ich fasste den Entschluss, dies zu ändern, und hoffte inständig, dass es noch möglich sei, eine engere Verbindung mit ihr aufzubauen. Aber zunächst musste ich wieder gesund werden. Es ging mir sehr schlecht zu der Zeit, bereits seit einigen Wochen. Das schlimmste war, ich konnte fast überhaupt nicht schlafen. Meine Lebensgefährtin hatte dann die rettende Idee: Sie wies mich darauf hin, dass ich doch noch immer Katholik sei und die Beichte in Anspruch nehmen könnte! Ich war begeistert von dieser Idee und habe in meinem Heimatstädtchen nach dem nächstmöglichen Termin zur Beichte gesucht. Am darauf folgenden Samstag um 17 Uhr wurde die Möglichkeit angeboten.

Als ich neben dem Pfarrer im Beichtstuhl saß, habe ich ihm völlig wirr und unter Tränen mein Dilemma geschildert, ihm mein riesengroßes, schlechtes Gewissen erklärt. Der Pfarrer strahlte so eine Ruhe und Güte aus, mir ging es bereits während meiner Schilderungen besser. Als er mir dann in ruhigen und langsamen Worten erklärte, dass meine Sünden nun von mir genommen würden, spürte ich, dass etwas mit mir geschah. Es war schön, ich fühlte mich direkt leichter. In der darauf folgenden Nacht habe ich acht Stunden am Stück geschlafen! Das erste Mal seit etwa zehn Wochen. – Ich bin aufgewacht, und das Chaos in meinem Kopf war weg! Ich fühlte mich gesund und ausgeruht. Die Kirche beziehungsweise das Ritual der Beichte, die so entstandene tiefe Verbindung mit Gott und natürlich meine aufrichtige Reue haben mich geheilt! Und die katholische Kirche kann sich meiner Dankbarkeit, so lange ich lebe, gewiss sein.

Mit meiner Tochter habe ich seitdem ein sehr enges und vertrautes Verhältnis. Wir sehen uns nicht allzu oft, da wir mehr als 300 Kilometer von einander entfernt wohnen, aber wir sprechen über alles. Sie vertraut mir sehr viel an, und wir lieben uns. Es ist einfach wunderschön.

Teil III

»Müssen wir das tun, Onkel Johannes?«
»Man muss es freiwillig tun, Veronika. Wir müssen es versuchen, einander die Bürde tragen zu helfen, Menschen, Tieren und allem, was lebt.
Das ist der Weg zum Licht.«

Manfred Kyber,
Die drei Lichter der kleinen Veronika

14
Was ist Gott, und wenn ja, wie viele?

Es macht mich oft einfach nur traurig mit anzuschauen, wie verbissen und unentwegt so viele Menschen aus unterschiedlichen Glaubensrichtungen über Detailfragen diskutieren und streiten. In dem unter Gläubigen recht kontrovers diskutierten Film *Das Leben des Brian** der meist wenig subtil agierenden englischen Komiker-Truppe »Monty Python« gibt es diese Szene im Amphitheater, in der ein Zuschauer, der als Mitglied der »Judäischen Volksfront« angesprochen wird, völlig entrüstet entgegnet: »Judäische Volksfront? – Wir sind die ›Volksfront von Judäa‹!« In meinem Bekanntenkreis erzählte eine engagierte Christin unlängst, dass es in Deutschland tatsächlich die Gruppierung der »Evangelisch Freikirchlichen« gebe, die unter keinen Umständen mit den »Freikirchlich Evangelischen« verwechselt werden dürften – da weiß man doch nicht, ob man lachen oder weinen soll…

Dann gibt es natürlich die Grundsatzfragen wie zum Beispiel: »Monotheismus oder Polytheismus?«, »Nirvana oder Himmel?«

* Ich mag den Film! Weil er im Grunde nicht die Religion oder die Spiritualität an sich aufs Korn nimmt, sondern die Interpretationsversuche und die daraus resultierenden, teilweise aberwitzigen Handlungen der Menschen.

oder auch: »Ist Gott ein Mann oder eine Frau?« – Man könnte diese Reihe noch unendlich fortsetzen. Manche Religionen meinen auch, Gottes Gnade und das ewige Leben seien von einem bestimmten menschlichen Ritual abhängig, wie beispielsweise der Taufe bei den Christen. Das finde ich doch recht anmaßend.

Ein Grundproblem ist: Die allermeisten Menschen, auch die besonders gläubigen, sind zu 100 % mit dem Diesseits identifiziert. Ihre Vorstellung haftet immer am Konkreten. Wozu muss ich denn wissen, wie Gott aussieht? Es reicht doch völlig die Erkenntnis, dass die Begriffe Gott, Nirvana, Himmel, das kosmische Bewusstsein und noch so viele mehr alle ein und dasselbe meinen, nämlich einfach das Jenseits, die Einheit, aus der wir einst gekommen sind und in die wir auch wieder zurückgehen dürfen; diese Einheit, die allerdings für unser polares Bewusstsein nicht vorstellbar ist.

Gott ist alles und nichts zugleich, alles Sein im Gleichgewicht, in seiner Un-Unterschiedenheit, so wie alle Farben auf einer sich drehenden Farbscheibe plötzlich wieder weiß ergeben.

> Gott ist alles und nichts zugleich, alles Sein im Gleichgewicht, in seiner Un-Unterschiedenheit.

In unserem christlich geprägten Kulturkreis stehen wir noch einer Besonderheit bei der Betrachtung Gottes gegenüber: Das Christentum hat, ganz im Gegensatz zu den anderen monotheistischen Religionen, aus dem »allmächtigen« Gott einen »lieben« Gott gemacht. Gott steht nun für alles Gute und Liebe und bekommt als Widersacher den Teufel gegenübergestellt, dem man alles Böse zuschiebt. Diese Verklärung Gottes ist natürlich ein unschlagbares Argument für alle Atheisten und Agnostiker. Sie können nun mit Überzeugung die Frage stellen: »Wie soll man an einen lieben Gott glauben, wo es doch so viel Leid und Schmerz auf dieser Welt gibt?« Die Frage geht aber von einer falschen Grundannahme aus. Gott ist selbstverständlich gut und böse* zugleich, sonst wäre er ja nicht der Allmächtige. Der Teufel ist nichts anderes als der gefallene Engel, der den zornigen Aspekt Gottes darstellt. Gott als Wesenheit

* Wobei das Böse, wie wir noch sehen werden, gar keine eigene Existenz besitzt. Es ist lediglich der Schatten des Guten.

Jede Religion ist nur der Versuch einer bestimmten Bevölkerungsgruppe, die eine große Wahrheit zu erklären.

existiert, der Teufel als eigene Wesenheit nicht.

Abgesehen von dem in diesem Punkt falschen Bild Gottes in unserem Kulturkreis, meinen alle Religionen dieser Welt, wenn man einmal die Kernaussagen betrachtet, eigentlich dasselbe. Die fundamentalen Streitereien sind somit völlig überflüssig.

Man könnte sagen, jede einzelne Religion ist nur der Versuch einer bestimmten Bevölkerungsgruppe, die eine große Wahrheit zu erklären. Es werden dazu selbstverständlich unterschiedliche Geschichten und Bilder verwendet, weil der kulturelle Hintergrund jeweils ein ganz anderer ist. Wir haben als Menschen, egal ob Christ, Hindu, Moslem, Jude, Buddhist oder Atheist, die Aufgabe, durch die Wirrnisse und Verstrickungen in unserem Leben wieder zurückzufinden in die Einheit, aus der wir einst gekommen sind, die extremen Gegensätze kennenzulernen, die zunächst so unvereinbar scheinen, auch das Gegenteil von dem, was wir bereits kennen und mögen zu erleben, um dann die Mitte und die Ruhe zwischen den Polen zu finden. Dies beinhaltet aber auch den direkten Kontakt mit allem Schrecklichen und Angsteinflößenden in dieser Welt, es beinhaltet die Begegnung mit dem Ur-Grauen!

Diese Begegnung versuchen wir in aller Regel um jeden Preis der Welt zu meiden. Wir flüchten mit Hilfe von Arbeit, Sport, Medikamenten, Alkohol und so weiter, und können dieser Begegnung letztlich doch nicht entrinnen. Unfreiwillig erleben wir sie dann allerdings sehr spät und oft unter großem Leid – das macht den Weg zur Erleuchtung so schwierig und steinig: Wir müssen eben erst einmal in die tiefste Finsternis hinabsteigen und echte Verzweiflung erfahren, um das Licht zu sehen! Der Weg zum Licht führt durch das Dunkel. Unzählige religiöse Menschen aller Zeitalter versuchten und versuchen noch immer, auf dem direkten Weg zur Erleuchtung zu gelangen – und scheitern dabei.

Hier ist nun der geeignete Moment, um ein weiteres Missverständnis in unserem christlich geprägten Kulturkreis richtigzustellen. Es geht um eine Sichtweise, die mittlerweile ganz tief in unser Selbstverständnis (auch in das Selbstverständnis von Agnostikern und Atheisten!) eingedrungen ist. Ich spreche von den Begriffen »Schuld« und der »Sünde« der Menschen. Wir sind wie selbstverständlich der Überzeugung, dass man dieser Schuld entkommen kann – und zwar durch gute Taten. Wenn wir nur das Gute tun und das Böse lassen, befreien wir uns von unserer Schuld. Das ist ein fatales Missverständnis!

> Wir können gar nicht mit Bestimmtheit wissen, was wirklich das »Gute« und was das »Böse« ist, dies ist sehr schwer zu unterscheiden in unserer polaren Welt der Täuschung.

Zum einen können wir gar nicht mit Bestimmtheit wissen, was wirklich das »Gute« und was das »Böse« ist, dies ist sehr schwer zu unterscheiden in unserer polaren Welt der Täuschung... Zum anderen kommt der Begriff »Schuld« von »etwas schuldig sein«, zeigt also an, dass etwas fehlt. Und der Begriff »Sünde« ist verwandt mit dem Wort »absondern« oder »Absonderung«. Gemeint ist die Absonderung aus der Einheit. Wir Menschen haben uns aus dem Paradies abgesondert in die Polarität und sind nun einseitig, deswegen »fehlt« uns etwas, wir »schulden« der Einheit das Ganzsein, das Heilsein. Deswegen ist Schuldigsein gleichbedeutend mit Menschsein! Wir sind von dieser Schuld nicht lösbar. Ganz gleich, was wir tun, wir bleiben der Einheit immer das Gegenteil davon schuldig. Und wenn wir nur das Gute tun, dann schulden wir der Ganzheit das Böse – so unglaublich das klingen mag! Deswegen scheitern alle diese »Lichtarbeiter«, die nur das Gute wollen. Der Mensch ist eben gezwungen, sich auch mit der dunklen Seite in sich und in der Welt auseinanderzusetzen. Dabei ist aber eines ganz wichtig und tröstlich: Das Böse steht dem Guten nicht gleichberechtigt gegenüber. Mit Gut und Böse verhält es sich analog wie mit Licht und Dunkelheit. Dort wo kein Licht ist, ist Dunkelheit. Aber wo auch immer ein Lichtstrahl hinfällt, hat die Dunkelheit keine Chance, sie wird augenblicklich verschwunden sein. Es gibt nur Licht – oder kein Licht. Dunkelheit hat keine eigene Existenz! Genauso hat das Böse keine wirkliche eigene Existenz und somit auch keine Chance im Kampf gegen das Gute. Man könnte sagen, das Böse kann nur dort sein, wo das Gute noch nicht hingekommen ist. Wie wir durch Betätigen des Lichtschalters einen dunklen Raum durchlichten können, so können wir auch das Böse transmutieren – wir müssen es dazu allerdings kennenlernen!

Wenn wir es irgendwann schaffen, die Gegensätze zu einen und wieder ganz zu werden, wachen wir auf aus diesem kollektiven Traum unserer materiellen Welt. Dann erkennen wir, dass das Jenseits die wirkliche Welt ist und unser Diesseits nur die Bühne war, auf der wir uns beweisen mussten. Wir spüren die unendliche Liebe, die aus der Einheit kommt – es ist die Liebe Gottes. Je unbewusster die Menschen allerdings sind, desto weniger tragen sie davon in sich, sie sind einfach zu weit von ihr entfernt! Versuche deshalb, neben dem Mut, dich allen Herausforderungen zu stellen, auch so viel Liebe wie möglich in dein Leben und in dein Handeln zu legen, insbesondere im Umgang mit deinen Mitmenschen, aber auch mit Tieren, der Natur und ja, selbst mit den unbelebten Dingen. Je mehr du dich in diese Richtung bewegst, umso stärker spürst du die Gnade der Demut.

> Die heutige materialistisch-kapitalistische Gesellschaft wird von einem beispiellosen Egoismus und dem Streben nach Macht und Besitz geleitet.

Die heutige materialistisch-kapitalistische Gesellschaft steht dieser Lebensphilosophie leider diametral gegenüber. Unser Leben wird von einem beispiellosen Egoismus und dem Streben nach Macht und Besitz geleitet, und das nicht erst seit wenigen Jahren oder Jahrzehnten. Bereits 1925 (!) schrieb Manfred Kyber: *Ich setze die großen Errungenschaften der materialistischen Wissenschaft gewiss nicht herab, ich weiß sehr gut, dass sie nötig waren, nötig auch als Gegengewicht in ihrer Einseitigkeit, aber ich weiß auch ebenso gut, dass wir diese Kenntnis des Äußeren bezahlt haben mit einer Aufgabe von Fähigkeiten, die die Menschheit früher besaß und nun nicht mehr hat, die sie aber, wenn auch in veränderter Form, wiedergewinnen muss, wenn die heutige Weltkatastrophe als notwendige Folgeerscheinung des Materialismus nicht aus einer vor-*

übergehenden Kulturwende zum dauernden Untergang führen soll.[10] – Und wie nahe sind wir bereits unserem Untergang! Es ist existenziell wichtig für das Überleben der gesamten Menschheit, dass sich das Leben in den Industrienationen in naher Zukunft radikal wandelt. Wir müssen wieder miteinander und nicht gegeneinander agieren, alle Tiere mit Respekt und Mitgefühl behandeln, und wir müssen zur Vermeidung der drohenden Umweltkatastrophe gänzlich auf wirtschaftliches Wachstum verzichten.

Die Begriffe Gott, Liebe und Demut sind Synonyme, sie bedeuten im Grunde dasselbe. Wenn du in diese Richtung gehst, erkennst du, wie destruktiv und ungesund unsere üblichen Machtgelüste sind. Jedes Rechthaben wollen und jedes »Ich will aber…« trennt dich von deinen Mitmenschen, ein demütiges »dein Wille geschehe« hingegen vereint und versöhnt dich mit der Welt. Die Kraft der Demut zu spüren, ist sehr wichtig, wenn du dich auf das große Abenteuer einlassen möchtest – ein Abenteuer, das da heißt: Das Erwachen deines wirklichen Selbst!

Um dieses Erwachen möglich zu machen, müssen wir uns allerdings eine gewisse Offenheit, eine kindliche Neugier allem Fremden und Unbekannten gegenüber bewahren. Nur Dinge, die wir grundsätzlich, wenn auch nur ganz entfernt, für möglich halten, können in unseren Erfahrungshorizont eintreten. Das macht die Lage so schwierig – und aus spiritueller Sicht auch so traurig – für die vielen aufgeklärten und rein wissenschaftlich orientierten Menschen unserer Gesellschaft, all diejenigen, welche die männliche Hälfte der Welt (das Yang) so grotesk überbetonen…

Um das Erwachen möglich zu machen, müssen wir uns eine gewisse Offenheit, eine kindliche Neugier allem Fremden und Unbekannten gegenüber bewahren.

Wir können die Menschen in der Frage ihrer Spiritualität grob in vier Gruppen einteilen:

Zur ersten Gruppe der »Wissenden« zähle ich all diejenigen, die nicht nur an unser spirituelles Wesen glauben, sondern das Glück und die große Freude hatten, bereits direkt mit der jenseitigen Welt in Kontakt gekommen zu sein. Sei es durch eine Epiphanie, eine Gottesbegegnung, wie sie mir widerfahren ist, durch den Kontakt mit der Seele eines verstorbenen Menschen oder durch ein anderes, wie auch immer geartetes, transzendentes Erlebnis.

Die zweite Gruppe umfasst alle gläubigen Menschen, für die sicher feststeht, dass sie Kinder Gottes sind, auch ohne einen direkten Kontakt mit dem Jenseits erlebt zu haben.

Zur dritten Gruppe zähle ich alle Leute, die sich als »Agnostiker« bezeichnen. Dies sind sehr pragmatische Menschen; sie sagen einfach, man kann nicht wissen, ob irgendetwas außerhalb unserer sichtbaren Welt existiert. Sie besitzen mit dieser Einstellung glücklicherweise noch die nötige Offenheit, Neues kennen zu lernen und sich überraschen zu lassen.

Die vierte Gruppe hat diese Offenheit leider verloren. Sie wird von allen »Atheisten« dieser Welt gebildet. Jene Menschen meinen sicher zu wissen, dass Gott und alles Spirituelle nur Phantasiegebilde der Menschheit sind, es wird in manchen Kreisen sogar von einer »kollektiven Wahnvorstellung« gesprochen. Für jene Menschen wird es nun wirklich finster.

Die Gruppen eins und zwei, die »Wissenden« und die »Gläubigen«, haben die Wahrheit erkannt, und den Menschen der dritten Gruppe wird sich, wenn sie einmal in eine Grenzsituation geraten (beispielsweise in eine existenzielle Bedrohung, in Todesnähe), die jenseitige Welt vermutlich offenbaren. Spätestens wenn sie tatsächlich sterben müssen, tut sich die Chance zum spirituellen Erwachen auf... Ganz anders sieht es leider für die Atheisten der Gruppe vier aus. Wer sich derart hartnäckig und unsensibel der Wirklichkeit verschließt, nimmt sich selbst die Möglichkeit, die jenseitige Welt wahrzunehmen. Nach dem Resonanzgesetz* können wir nur mit Dingen in Kontakt kommen, für die wir eine Eigenresonanz besitzen. Wer aber so dunkel in sich selbst ist, hat kaum eine Chance, das Licht zu finden!** Ein altes Sprichwort sagt treffend: »Wer Gott nicht im Sommer seines Lebens einlädt, zu dem wird er auch im Winter nicht mehr kommen.«

* Das Resonanzgesetz ist eines der wichtigen »Schicksalsgesetze« der Menschen. Diese werden unter anderem in einigen Büchern von Rüdiger Dahlke erläutert, zum Beispiel in *Das Schatten-Prinzip* und *Die Schicksalsgesetze.*

Die Atheisten verlangen immer nach einem Beweis für Gottes Existenz. Sie begreifen nicht, dass es Beweise immer nur in unserer materiellen und beschränkten Welt geben kann.

> Niemand kann dir Gottes Existenz beweisen – du kannst ihn nur in dir selbst finden.

Niemand kann dir Gottes Existenz beweisen – du kannst ihn nur in dir selbst finden, ihn selbst wahrnehmen und erfahren. Dazu musst du allerdings anfangen, auf die Suche zu gehen, das kann dir niemand abnehmen. Es ist deine Aufgabe, die Aufgabe eines jeden Menschen auf dieser Erde! Und weil ich diese Erfahrung bereits machen durfte (als dankbares Mitglied der ersten Gruppe), kann ich dir eines aus tiefstem Herzen versprechen: Wenn du irgendwann in deinem Leben imstande bist, auch nur einen Funken des Göttlichen wahrzunehmen, weißt du: Alle Freuden und Genüsse dieser materiellen Welt sind nur ein matter Abglanz dessen, was dich in unserer geistigen Heimat erwartet. Und der Wunsch und das Verlangen, weiter in die jenseitige Welt einzutauchen, sind bedeutend größer und stärker als deine üblichen egoistischen Wünsche und Bestrebungen nach Geld, Macht oder Ruhm hier auf Erden.

Um eine weitere Vorstellung davon zu vermitteln, wie sich ein Kontakt mit der geistigen Welt anfühlen kann, möchte ich zum Schluss dieses Kapitels noch Sir Francis Younghusband zitieren. Er beschrieb 1936 sein Erlebnis der kosmischen Freude wie folgt: *Etwas kam über mich, was weit mehr war als Erhebung oder Heiterkeit. Ich wurde von einer solch intensiven Freude erfasst, dass ich außer mir war. Und im selben Augenblick, da ich diese unbeschreibliche und fast unerträgliche Freude fühlte, kam mir die Offenbarung, dass diese Welt im wesentlichen gut ist. Ich hegte keinen Zweifel daran, dass die Menschen im Grunde ihres Herzens gut sind und dass all ihre schlechten Eigenschaften nur an der Oberfläche liegen.*[11]

** Es gibt Menschen, die so dunkel in sich sind, dass sie das Licht gar nicht ertragen können. Das erklärt teilweise die starke Abwehrhaltung, diese Gereiztheit bis hin zur Aggression, die viele Atheisten bei dem Thema zeigen.

Ich bin von euch gegangen, nur für einen Augenblick und gar nicht weit.
Wenn ihr dahin kommt, wohin ich gegangen bin,
werdet ihr euch fragen, warum ihr geweint habt.

Antoine de Saint-Exupéry

15
Tod – die Begegnung mit der Ewigkeit

Unsere Kultur ist geprägt von einem tiefen Unverständnis des eigentlichen Sinns des Lebens und der wahren Natur des Todes. Die meisten Menschen leben ihr Leben, ohne zu wissen, um was es im Kern wirklich geht. Es ist so, als würde ein Kartenspieler sich zum Spiel an den Tisch setzen, ohne die Regeln zu kennen – welche Chance hat dieser Spieler dann wohl, erfolgreich zu sein?

Menschen haben Angst vor dem Tod. Das ist absolut normal und auch in allen Kulturen dieser Erde so. Ich möchte allerdings behaupten, dass diese Angst in unserem modernen Sozialstaat deutlich größer ist als irgendwo anders auf der Welt. Die Anzahl der bekennenden Atheisten in Deutschland lag (laut Wikipedia) im Jahr 2005 bei rund 25 % der Bevölkerung. Dazu kommen noch eine Menge Agnostiker und eine undefinierte Dunkelziffer. Ich denke, der Prozentsatz von Menschen in Deutschland, die davon ausgehen, dass die menschliche Existenz mit dem Tod komplett ausgelöscht wird, liegt heutzutage beinahe bei 50 % (in den allermeisten anderen Kulturen auf der Erde liegt dieser Wert übrigens bei annähernd 0 %!). Für den Atheisten ist der Tod selbstverständlich der absolute

Horror: Ist er sich doch sicher, dass alles, was er ist, was er gelernt hat, was er erlebt hat, sich im Moment des Todes einfach in nichts auflöst – so, als wäre er niemals auf dieser Welt gewesen – eine wirklich schreckliche Vorstellung. Ich denke, dies ist der Hauptgrund für den völlig unnatürlichen Umgang mit dem Tod in unserer Gesellschaft.

> Wir versuchen, nicht an den Tod zu denken, wir schieben ihn weg, negieren seine Existenz.

Wir versuchen, nicht an ihn zu denken, wir schieben ihn weg, negieren seine Existenz. Auf den Intensivstationen unserer modernen Krankenhäuser werden regelmäßig Menschen am »Leben« erhalten, deren Zeit längst gekommen ist, deren Seele sich danach sehnt, endlich hinübergehen zu dürfen in die andere Welt, in das Jenseits. Und sie werden von unserer modernen Apparatemedizin in einem menschenunwürdigen Zustand im größten Leid festgehalten, nur weil wir in einer beispiellosen Arroganz behaupten, es gäbe dieses Jenseits nicht, weil es wissenschaftlich nicht beweisbar ist und wissenschaftlich betrachtet einfach nicht sein kann…

Ich möchte, um Missverständnissen vorzubeugen, an dieser Stelle klarstellen: Es gibt natürlich auch unzählige Beispiele dafür, was die heutige technische Medizin alles Phantastisches zu leisten vermag. Es ist beispielsweise bei Patienten, die von der Koronaren Herzkrankheit betroffen sind, heute möglich, ohne am Herzen zu operieren, nur durch einen Katheter einzelne Arterien am drohenden Verschluss zu hindern, was die Betroffenen meist vor einer äußerst qualvollen Leidenszeit (und/oder einem frühen Tod) bewahrt.

Aber: Wenn die Zeit zum Sterben gekommen ist, müssen wir die Menschen auch sterben lassen! Es ist widernatürlich und auch würdelos für den Betroffenen, einen Menschen mit technischen Tricks daran zu hindern zu sterben.

> Wenn die Zeit zum Sterben gekommen ist, müssen wir die Menschen auch sterben lassen!

Ich bete inständig darum, dass meiner Patientenverfügung, falls ich in eine solche Situation geraten sollte, Beachtung geschenkt wird – man muss sich heute juristisch absichern, um sterben zu dürfen. Wir leben in einer wirklich merkwürdigen Welt. (Hatte ich das bereits erwähnt? – Es kann nicht schaden, dies zu wiederholen.) Wir haben aufgrund unserer Angst vor dem Tod ja bereits Angst davor, älter zu werden. Eine ganze Industrie lebt von dieser Angst. Die Menge an Pillen und Cremes, die angeblich das Altern verlangsamen sollen, und auch die Häufigkeit von Schönheitsoperationen in Deutschland nimmt immer mehr zu. Dabei ist Älterwerden schön. Ich möchte wirklich keinen einzigen Monat jünger sein. Ich habe sehr lange gebraucht, um zu begreifen, um was es in unserem Leben eigentlich geht. Den langen Weg bis hierher, wo ich heute stehe, möchte ich nicht noch einmal gehen müssen. Abgesehen davon ist das Alter eine wichtige Station im Leben der Menschen. In manchen Kulturen nennt man es auch »die Heimkehr«. Das Lernen und die Expansion, die das Leben bisher bestimmt haben, kommen nun zur Ruhe. Es ist eine Zeit der inneren Einkehr, in der man alles, was man erlebt und gelernt hat, sortiert und reflektiert und vielleicht zu weisen Einsichten kommt, zu denen ein junger Mensch überhaupt nicht in der Lage wäre. Auch deswegen sollten wir endlich wieder anfangen den Alten in unserer Gesellschaft den Respekt entgegenzubringen, den sie verdient haben. Und wir können sie auch ruhig dann und wann um Rat fragen (viele werden sich wundern, wie hilfreich dieser sein kann), anstatt sie mitleidig zu belächeln. Es ist wirklich alles andere als schön, wie sehr alte Menschen in unserer Gesellschaft nicht beachtet und einfach »links liegengelassen« werden.

Und wir müssen den Tod als ganz natürlichen Vorgang akzeptieren. Im Radio hörte ich kürzlich, dass ein Skifahrer nach einem Wettkampf seinen Sieg nicht bejubeln wollte, aus Pietät einem Streckenposten gegenüber. Dieser 70-jährige Mann starb während seines Dienstes am Rande der Strecke an einem Herzinfarkt. Ich frage mich, was soll das? Der Skifahrer kannte diesen Mann noch nicht einmal. Warum sollte er denn seinen Sieg nicht bejubeln? Es ist doch nicht ungewöhnlich, wenn ein 70-jähriger stirbt. In anderen Kulturen werden Freudenfeste gefeiert, sogar und im besonderen, wenn Angehörige gestorben sind – aus dem sicheren Wissen heraus, dass der gestorbene Mensch jetzt die Anstrengungen dieser

Welt überwunden hat und seine Seele nun an einem besseren Ort ist. Der Tod ist nicht der Teufel, für den wir ihn halten. Der Teufel ist vielmehr der Herr dieser Welt, *The Lord of this World.** Wir haben im Leben Anstrengungen und Strapazen zu durchleben, aber im Jenseits hören diese auf – bis wir uns in einem anderen Leben wieder beweisen müssen...

An dieser Stelle möchte ich dir gerne das Buch *Über den Tod und das Leben danach* der berühmten Sterbeforscherin Elisabeth Kübler-Ross wärmstens ans Herz legen. Frau Kübler-Ross hat zunächst jahrelang als Wissenschaftlerin viele Menschen auf ihrem Weg in den Tod begleitet und dabei die heute international anerkannten »fünf Phasen des Sterbens« definiert. In ihrem späteren Leben entfernte sie sich immer mehr von den herrschenden Ansichten über den Tod, da sie Zeugin vieler Nahtoderfahrungen geworden war. Sie glaubte später fest an Reinkarnation und die Unsterblichkeit unserer Seele, sie sagte sogar, dies sei wissenschaftlich bewiesen. Skeptiker behaupten stets, was die Menschen bei Nahtoderfahrungen berichten, sei auf Halluzinationen ihres Gehirns zurückzuführen, da dieses seinen Dienst zu dem Zeitpunkt noch nicht völlig eingestellt hat. Dieser Erklärungsversuch kann allerdings sogar wissenschaftlich widerlegt werden: Im EEG ist bereits etwa 15 Sekunden nach einem Herzstillstand keine Hirnaktivität mehr zu erkennen – ohne Hirnaktivität sind auch keine Halluzinationen möglich. Bis zur Wiederbelebung vergehen aber in der Regel zwei bis acht Minuten, in denen die Nahtoderfahrungen ablaufen.[12] Für all jene Skeptiker hat Frau Kübler-Ross ein Forschungsprojekt durchgeführt. Es wurden nur Menschen berücksichtigt, die seit mindestens zehn Jahren zu hundert Prozent erblindet waren. In allen Fällen, in denen diese Menschen von einer Nahtoderfahrung berichteten, konnten sie während dieses außerkörperlichen Erlebnisses wieder sehen! (Behinderungen sind nur Teil des physischen Körpers. Wenn wir gestorben sind, fühlen wir uns wieder

* Da es den Teufel als Wesen nicht gibt, gefällt mir alternativ der englische Terminus *The evil that men do* (»Das Böse, das Menschen tun« oder: »Das Böse in dieser Welt«).

völlig intakt.) Diese Menschen konnten danach zum Beispiel ganz detailliert beschreiben, welche Kleidung die anwesenden Personen trugen, welche Farbe das Halstuch oder die Bluse hatte und so weiter: Wie soll eine Halluzination in der Lage sein, blinde Menschen wieder sehend zu machen?

Eine andere Geschichte in ihrem Buch ist noch eindrucksvoller: Ein todkrankes kleines Mädchen berichtete ihrem Vater von ihrem Nahtod-Erlebnis. Sie erzählte, dass ihr Bruder bei ihr gewesen sei und sich im Jenseits um sie gekümmert habe. (Viele Menschen mit diesen Erlebnissen berichten, dass im Jenseits Personen, die uns sehr nahestehen und die bereits vor uns gestorben sind, auf uns warten, um uns zu geleiten.) Sie sagte dann, dass sie es nur sehr komisch fände, da sie ja wisse, dass sie gar keinen Bruder habe... In diesem Moment brach der Vater in Tränen aus und gestand seiner Tochter, dass sie einen Bruder gehabt habe, dieser aber vier Monate vor ihrer Geburt gestorben sei und man es ihr nie erzählt habe!

Die beschriebenen Szenarien decken sich mit unzähligen Aussagen von Menschen auf der ganzen Welt, die von einer Nahtoderfahrung berichten. Verschiedene Sterbeforscher aus vielen Nationen haben einige signifikante Übereinstimmungen im Erleben bei diesen Nahtoderfahrungen herausgearbeitet. Es herrscht in diesem Kreis Konsens über folgende Punkte (es sind die am häufigsten berichteten Ereignisse, diese müssen aber nicht immer alle zusammen auftreten):

- Im Augenblick des Todes haben wir eine umfassende Retrospektive unseres Lebens. Insbesondere sehen wir, welche Auswirkungen unser Handeln auf andere Menschen und unser Umfeld hatte. Wir erkennen schlagartig, was im Leben alles zu lernen versäumt wurde.
- Wir erleben eine Verbundenheit mit allen Dingen und allen Menschen auf Erden. Wir spüren, dass die Menschen zusammengehören und überhaupt alles auf der Welt miteinander in Beziehung steht und sich gegenseitig bedingt. Es verschwindet dabei jeglicher Egoismus.

- Wir erleben uns mit unserem vollständigen und intakten Körper (ein Beinamputierter hat wieder beide Beine, ein Tauber kann wieder hören und so weiter) und wir können uns frei im Raum bewegen (etwa wie schweben). Es können dabei in einem Augenblick unglaubliche Entfernungen überbrückt werden.
- Wir sehen ein helles Licht, von dem wir angezogen werden. Und wenn wir in dieses Licht gehen und uns nicht davor fürchten (diesen Schritt müssen wir aktiv machen!), sind wir von der tiefsten Liebe und einem unbeschreiblich intensiven Gefühl der Geborgenheit erfüllt.
- Vermutlich sehen wir einen oder mehrere geliebte Menschen, die bereits vor uns gestorben sind, im Jenseits wieder.

Und das Bemerkenswerteste ist: Fast alle diese Menschen berichten nach ihrer Nahtoderfahrung, dass sie seit dem Zurückholen in ihr irdisches Leben absolut keine Angst mehr vor dem Tod haben! Doch von all diesen wunderschönen Dingen wissen die Menschen in unserer Gesellschaft leider nichts. Deswegen besteht eine so unfassbar große Angst vor dem Tod.

> Menschen berichten nach ihrer Nahtoderfahrung, dass sie seit dem Zurückholen in ihr irdisches Leben absolut keine Angst mehr vor dem Tod haben.

Ich möchte an dieser Stelle allerdings einen wichtigen Punkt nicht unerwähnt lassen: Diese hoffnungsvollen Beschreibungen über den Tod gelten nur sehr eingeschränkt für den Fall, dass wir uns selbst für den Tod entscheiden. Ich bin mittlerweile der festen Überzeugung, dass es uns nicht erlaubt ist, den Zeitpunkt unseres Todes selbst zu bestimmen. Alle Probleme und Schwierigkeiten und, ja, manchmal auch großes Leid auf dem Weg müssen durchlebt werden, dies ist unsere Aufgabe, der wir uns nicht entziehen dürfen. Auch eine aktive Sterbehilfe, wie sie in einigen Ländern bereits gesetzlich legitimiert und praktiziert wird, ist nicht zu verantworten. Es gibt einige wenige, äußerst negative und angsterfüllte Jenseits-Beschreibungen von Nahtoderfahrungen, die, zumindest in Einzelfällen, von Menschen berichtet wurden, die einen Selbstmordversuch überlebt haben. Ich wiederhole das noch einmal: Es ist uns schlicht nicht erlaubt, Selbstmord zu begehen.

Sterben ist nicht leicht. Meist haben Menschen in ihrem Leben zuvor nie so viel Angst und Schmerz gespürt wie im Augenblick ihres Todes. In den wenigsten Fällen gehen sie ohne große Furcht und Verzweiflung über diese letzte Schwelle. Aber die Furcht und die Verzweiflung sind nur so lange präsent, wie die Menschen noch am Diesseits festhalten. In dem Moment, in dem sie sich ihrem Schicksal ergeben, in dem sie einfach loslassen, öffnet sich eine ganz neue Welt für sie!

> Das Sterben fällt besonders jenen schwer, die nur an diese Welt glauben und sich das Jenseits nicht vorstellen können, die zu hundert Prozent mit ihrem Ego identifiziert sind.

Das Sterben fällt also besonders jenen schwer, die nur an diese Welt glauben und sich das Jenseits nicht vorstellen können, die zu hundert Prozent mit ihrem Ego identifiziert sind. Alles, was unser Ego in dieser Welt geleistet und geschaffen hat, unseren Besitz und unseren gesellschaftlichen Status, müssen wir im Augenblick des Todes zurücklassen, nichts von alledem können wir mit hinübernehmen über die letzte Schwelle. Das macht das Sterben so unglaublich schwer für all diejenigen, denen ihr Besitz oder der soziale Status alles bedeuten, die glauben, alle ihre Errungenschaften seien sie selbst. Diese Menschen können im Moment ihres Todes nicht bewusst loslassen. Das Loslassen aber ist der Schlüssel! Wenn wir uns im Augenblick des Todes gewahr sind, dass wir nur einen Lidschlag entfernt sind von einer anderen, großartigen Welt, dann können wir loslassen, und das Sterben verliert seinen Schrecken. Eckart Tolle schreibt: *Du wirst es spätestens dann wissen, wenn der Tod naht. Der Tod nimmt alles weg, was du nicht bist. Das Geheimnis des Lebens ist »zu sterben, bevor du stirbst« – und herauszufinden, dass es keinen Tod gibt.*[13] Und wenn wir diese Begegnung mit dem Jenseits schon erleben dürfen, bevor wir tatsächlich sterben müssen (wie Eckart Tolle andeutet), vielleicht bereits als Jugendliche (denke bitte noch einmal an die Initiationsriten zurück!), wird uns etwas ganz Phantastisches geschenkt: Die vollständige Befreiung von Angst und Sorge!

Genau das hat Gerhard Kunze erlebt, als er als Entwicklungshelfer bei Indianern in Mexiko gearbeitet hat. Zwangsläufig kam er auch näher mit Schamanen, den Medizinmännern und Zauberern der Indianer in Kontakt, die ihn auf einen spirituellen Weg führten (er bezeichnete sich noch kurz vorher als Atheist). Später berichtet er folgendes: *Am wichtigsten aber ist die erste Übung: Verliere die Angst vor dem Tod, indem du dich freiwillig in Todesnähe begibst. Ich tat es, ich begab mich fünf Tage allein und ohne Wasser in die Wildnis. So lernst du: Es gibt eine Schwelle, bis zu der die Todesangst zunimmt, aber danach erscheint dir das Sterben so selbstverständlich und schön, dass der Tod seinen Schrecken ein für alle mal verliert. Ohne Todesangst fühlt man sich zu einem neuen Leben erwacht. Wirklich frei ist nur der Mensch, der alle Ängste, Sorgen und Triebe seinem Willen unterordnen kann. In diesem Zustand innerer Ruhe und Fröhlichkeit tauchen wir in den Geist, das geistige Leben ein.*[14]

16
Das Ungeheuer besiegen

Bevor ich nun in diesem Kapitel zu den Kernaussagen meines Büchleins komme, liegt mir eine Sache sehr am Herzen. Ich möchte gerne einen Begriff klären beziehungsweise wieder richtigstellen. Einen Begriff, der in den letzten Jahren und Jahrzehnten immer mehr verzerrt und inhaltlich entstellt wurde, und zwar »Esoterik« oder »Esoteriker«. Ich wüsste kein zweites Wort, dessen Bedeutung derartig verdreht und falsch in den Köpfen der Menschen festsitzt wie dieses. Esoteriker wird in unserer heutigen ent-spiritualisierten Welt in etwa übersetzt mit: »Weltflucht betreibender Spinner«. Aber was heißt es wirklich? Die wörtliche Übersetzung ist »dem inneren Kreis zugehörig«, es bedeutet auch »Eingeweihter« oder »eingeweiht sein«. Die Esoterik zeigt die eine, immer gültige Wahrheit, die hinter allen Religionen steht. Häufig wird die Esoterik auch als »Geheimlehre« bezeichnet. Da werden viele Menschen natürlich hellhörig – »Geheimlehre? Da muss ja irgend etwas dubios daran sein, wenn sie geheim gehalten wird!« Dies ist ein lustiges Argument, denn die Esoterik wird ja von niemandem geheim gehalten* – sie hält sich von selbst geheim!

* Diese Aussage ist nicht ganz korrekt: Im Laufe der Geschichte wurden bestimmte Zusammenhänge tatsächlich geheim gehalten, wenn man einen Missbrauch der Lehre zu Macht- oder Ego-Zwecken befürchtete.

Man kann Esoterik nicht erlernen, sondern muss sich zu ihr hin entwickeln.

Denn man kann Esoterik nicht erlernen, sondern muss sich zu ihr hin entwickeln. Deine Seele muss einen gewissen Reifegrad, einen bestimmten Grad an Bewusstheit erlangen, um das innere Wissen zu verstehen. Für denjenigen, der die entsprechende Reife noch nicht hat, bleibt dieses Wissen geheim.

Es werden natürlich viele Menschen, die in ihrem Alltagsleben nicht gut zurechtkommen, von einem spirituellen, dem Weltlichen abgewandten Leben angezogen. Einige dieser Leute dürfen dann auch von mir aus als »Esoterik-Spinner« bezeichnet werden. Und viele »Scharlatane« bestreiten leider auch ihren Lebensunterhalt mit dem Betrügen von leichtgläubigen Menschen. Man sollte all diese Personen allerdings bitte nicht in einen Topf werfen mit der (leider bedeutend kleineren) Zahl von suchenden Menschen, die sich tatsächlich auf dem Einweihungsweg befinden! In unserer Gesellschaft machen sich die Menschen lustig über die »Weltflucht betreibenden Spinner«, die Kontakt zur geistigen Welt haben und angeblich nicht mutig genug sind, sich dem Leben zu stellen.

Die Esoterik zeigt die immense Verantwortung, die wir für unser Handeln haben, eine Verantwortung, die eben die Mehrzahl der Menschen in unserer Gesellschaft nicht bereit ist zu übernehmen.

Dies entbehrt nicht einer starken Ironie: Die Esoterik, richtig verstanden, zeigt ja gerade die immense Verantwortung, die wir für unser Handeln haben, eine Verantwortung, die eben die Mehrzahl der Menschen in unserer Gesellschaft nicht bereit ist zu übernehmen – die Verbindlichkeit, die im esoterischen Denken erkennbar ist, macht Angst – genau wie Unbekanntes Angst macht (die meisten haben sich ja noch nicht einmal im Ansatz mit der Thematik beschäftigt). Und sich über etwas lustig zu machen, ist eine bewährte Methode, um Angst abzuwehren... Viele der bedeutendsten Personen der Weltgeschichte waren tief im esoterischen Weltbild verwurzelt. Die Werke von beispielsweise William Shakespeare oder Johann Wolfgang von Goethe sind nur in Gänze zu verstehen, wenn man sich der spirituellen Welt öffnet –

möchtest du William Shakespeare ernsthaft als »Weltflucht betreibenden Spinner« bezeichnen?

Was ich nun in diesem Kapitel als den »Heldenweg« beschreibe, ist bitte nicht als Aufforderung zu verstehen, diesen sofort zu beschreiten. Tatsächlich gehen ihn nur wenige Menschen wirklich konsequent, und viele andere können trotzdem ein erfülltes und glückliches Leben leben. Es geht mir in der Hauptsache darum, zu zeigen, wie wichtig es ist, mutig zu sein auf unserem Weg.

Denn ganz ohne Mut werden wir unser Leben nicht meistern können.

> Ohne Mut werden wir unser Leben nicht meistern können.

Wir werfen einmal einen Blick auf die alten Märchen und Heldensagen. Es sind mitnichten nur unbedeutende und phantastische alte Geschichten zur Unterhaltung der Kinder. Die Märchen und Heldensagen (zumindest in den meisten Fällen) zeigen den Weg, den jeder Mensch gehen sollte. Und es ist der Weg eines Helden. Wie ich bereits erwähnte, sind wir alle zum Helden geboren. Und in praktisch allen Märchen muss der Held von zu Hause ausziehen und sich dem Ungeheuer stellen, manchmal sogar wörtlich »ausziehen, um das Fürchten zu lernen«. Das behütete Heim und die Eltern müssen verlassen werden, und man muss sich alleine und ohne Hilfe, ohne Versicherung und ohne Schutz dem Ur-Grauen stellen! Erst dann kann der Held Herr im eigenen Hause werden, glücklich sein und die Königstochter zur Frau bekommen – der Held ist natürlich keinesfalls nur männlich, das Gesagte gilt für Männer und Frauen gleichermaßen. Wir können alle Personen, die in einem Märchen vorkommen, als Teilaspekte unserer Persönlichkeit sehen. Einige Teile unserer Persönlichkeit sind uns noch nicht bewusst (sie liegen in unserem Schatten), wir müssen sie noch integrieren.[15]

Ich möchte hier, wie es Rüdiger Dahlke auch tat, Claus Riemann zitieren, weil er die zentrale Aussage der Märchen so schön und in wenigen Worten ausformuliert: *Märchen sind nicht wirklich, aber sie sind wahr. Sie erlauben einen Zugang zur zeitlosen Weisheit der menschlichen Seele, zu archetypischen Gestalten und Entwicklungs-*

motiven, die in allen Zeiten und in allen Kulturen dieselben waren und immer dieselben sein werden.[16]

Ein Paradebeispiel für diesen Heldenweg ist übrigens die Figur des Luke Skywalker aus George Lucas' *Star Wars (Krieg der Sterne).* Die ursprüngliche Filmtrilogie beinhaltet eine ganze Reihe alter esoterischer Grundwahrheiten.* Interessanterweise ist er 1976 von allen großen Filmstudios zunächst abgelehnt worden – man kann sich wunderbar diese dekadenten und satten Filmstudio-Bosse vorstellen, die, weit entfernt von ihrem spirituellen Selbst, das Drehbuch als »Kinderkram« abgelehnt haben. Und dann wurde *Star Wars* 1978 zum erfolgreichsten Film aller Zeiten! Menschen spüren eben tief in sich die Gültigkeit und Richtigkeit dieser Ur-Wahrheiten, oft auch jene, die jegliche Spiritualität von sich weisen.

Im Kapitel »Was ist Gott?« sagte ich, wir sind gezwungen, uns auch mit der dunklen Seite in uns und in der Welt auseinanderzusetzen. Wir können das Böse transmutieren – wir müssen es dazu allerdings kennenlernen! Es geht um die Begegnung mit dem Schatten, die unvermeidlich ist auf dem Weg zu unserem wahren Selbst. Wir müssen immer mehr von unserem Schatten kennenlernen – dies aber ohne Eile! Zu schnell sind häufig jene Menschen, die nach einem flüchtigen spirituellen Erlebnis die materielle Welt so schnell wie möglich hinter sich lassen möchten, weil sie im Weltlichen ohnehin schlecht zurechtkommen und damit große Probleme haben. Das ist eine Flucht vor den Aufgaben, die im Leben zunächst gelöst werden müssen. Man muss erst sein Leben auf der weltlichen Ebene meistern, bevor man sich hauptsächlich der geistigen Welt zuwenden darf.

Es ist nicht so sehr die Frage, ob Held oder nicht Held. Wir sollten einfach versuchen, uns so gut wie möglich dem Ideal des Helden zu nähern.

Auf unserem Weg ist es nicht so sehr die Frage, ob Held oder nicht Held. Wir sollten einfach versuchen, uns so gut wie möglich dem

* Dies ist nicht verwunderlich, denn George Lucas lies sich auch von Joseph Campbell beraten. Der große Mythologe Campbell (Autor von *Der Heros in tausend Gestalten* u.v.a. bahnbrechender Werke) entdeckte, dass Angstüberwindung und Mut archetypisch zum menschlichen Entwicklungsweg gehören.

Ideal des Helden zu nähern. Das bedeutet, wenn du in deinem Leben mutig bist und vor keinen Herausforderungen zurückschreckst, wenn du immer mit offenen Augen durchs Leben gehst, immer Neues kennenlernst, flexibel bist und auch Veränderungen akzeptierst, dann bist du schon ein gutes Stück dieses Weges gegangen. Wenn du für dich die volle Verantwortung übernimmst und selbst für dich sorgen kannst, ohne die Hilfe des Sozialstaates oder anderer Menschen, dann hast du bereits einen kleinen Helden aus dir gemacht. Aber – ganz wichtig, für alle Workaholics und Karriere-Typen – ohne dein Ego in den Vordergrund zu stellen und dir selbst oder anderen Menschen Leid zuzufügen! Übermäßig pflichtbewusste und arbeitssüchtige Menschen sollten dies erkennen und den Müßiggang lernen – Einseitigkeiten müssen immer ausgeglichen werden.

Was wir für unsere Mühen bekommen, lohnt sich mit Sicherheit: Je mehr wir den beschriebenen Weg einschlagen, desto weniger müssen wir uns vor Krankheit, Schicksalsschlägen oder Unfällen fürchten. Denn wir lernen freiwillig und müssen nicht, wie leider die große Mehrheit der Menschen in unserer Gesellschaft, vom Schicksal zum Lernen gezwungen werden.[17] Viele von Schicksalsschlägen betroffene oder kranke Menschen werden jetzt vehement widersprechen und empört sein über das eben Gesagte, das ist mir bewusst. Sie werden argumentieren, dass sie sicher sind, ihr schweres Schicksal nicht »verdient« zu haben. Und ich höre natürlich auch den Einwand, wie denn in dieser Weltsicht zum Beispiel unheilbar kranke Kinder oder von Geburt an behinderte Menschen zu erklären sein sollen. Diese Menschen haben ja unstrittig noch nichts getan, was einer Reaktion des Schicksals bedürfte.

> Wir sind unsterbliche spirituelle Wesen, die selbstverständlich wiedergeboren werden.

Nun, die Antwort auf all diese Argumente liegt auf der Hand: Wir sind unsterbliche spirituelle Wesen, die selbstverständlich wiedergeboren werden. Der Weg aus dem »Unheil« zum »Heil« kann unmöglich in nur einem Leben gegangen werden. Der Versuch, in unserem einen gegenwärtigen Leben isoliert einen Sinn zu erkennen, muss scheitern (ein Weltbild ohne den Glauben an Reinkarnation ist aus diesem Grund absurd). Wir beginnen unser Leben mit einer Hypothek, die unsere Seele mitbringt. Buddhisten sprechen in diesem Zusammenhang vom »Karma« des Menschen. Schicksalsschläge sollten aber nicht als Bestrafung für eine Verfehlung angesehen werden. Sie sind manchmal einfach nötig, um etwas lernen zu können, was unserer Seele noch dringend fehlt. Wir ernten in diesem Leben die Früchte dessen, was wir in den vorhergehenden Leben gesät haben. Und wir streuen in diesem Leben den Samen aus für die Dinge, die uns im kommenden Leben erwarten. Bewusstes Leben bedeutet, mehr Karma abzutragen, als neues zu schaffen. Jetzt wird deutlich, welche enorme Verantwortung wir haben und welche Bedeutung unser Handeln hat.

Thorwald Dethlefsen (in *Schicksal als Chance*) formuliert es wie folgt: *Erst wenn der Mensch bereit ist, die gesamte Verantwortung für alles, was er erlebt und was ihm geschieht, zu übernehmen, entdeckt er die Sinnhaftigkeit des Lebens. Die Krankheit unserer Zeit ist die Sinnlosigkeit, die den Menschen aus dem Kosmos entwurzelt hat. Die Sinnlosigkeit ist der Preis, den die Menschheit zahlen musste, für den Versuch, Verantwortung abzugeben. Die Zeichen der Zeit sprechen dafür, dass diese kollektive Krankheit sich in Heilung wandelt und immer mehr Menschen ausziehen, um den Sinn zurückzugewinnen. Wer bereit ist, die Verantwortung für sein Schicksal zu übernehmen, erlebt sich eingeordnet in die Gesetzmäßigkeiten dieses Universums und verliert alle Angst – weil er die Rückbindung an seinen Urgrund wiedergefunden hat.*

Es bleiben nun noch zwei Fragen offen, die erste ist: Wie erkenne ich denn, dass ich auf dem richtigen Weg (auf einem von Tausenden möglichen richtigen Wegen!) bin?

Höre auf dein Herz! Wenn du immer auf die Stimme deines Herzens hörst, kannst du nichts falsch machen.

Die Antwort auf diese Frage ist der wichtigste Ratschlag, den ich dir geben kann: Höre auf dein Herz! Wenn du immer auf die Stimme deines Herzens hörst, kannst du nichts falsch machen. Achte darauf, dass deine Handlungen, ganz gleich, was du gerade tun möchtest, von Liebe und Hingabe bestimmt werden. Und sei auf der Hut vor deinem Intellekt! Er möchte dich allzu gerne auf die schiefe Bahn bringen. Denn dein Ego weiß, dass es, wenn du deinen Weg bis zum Ende gehst, sterben muss! Für die Selbsterkenntnis musst du dein Ego opfern. Denn wenn du eins mit allem bist, dann gibt es kein Außen mehr, von dem sich dein Ego abgrenzen könnte. Ich sage es noch einmal: Vertraue deinem Herzen mit völliger Hingabe, und du bist auf dem richtigen Weg zum Heil.

Die zweite Frage, auch sie wird oft und berechtigt von Skeptikern vorgebracht, ist: Warum müssen wir das überhaupt tun, und warum vergessen wir unsere Aufgabe am Anfang eines neuen Lebens immer wieder? – Der erste Teil der Frage meint, wenn wir aus der Einheit, der Vollkommenheit heraustreten, um mit vielen unsäglichen Mühen aus Hunderten von Leben dort wieder anzukommen, was haben wir dann gewonnen? Die Antwort ist, es sind die persönlichen und höchst individuellen Erkenntnisse, die die an sich immer gleiche Einheit noch vollkommener machen. Stelle es dir vor wie ein Foto, das in geringer Auflösung ein wenig grobkörnig oder pixelig erscheint, im Gegensatz zu dem gleichen Bild, wenn wir es in höherer Auflösung betrachten: Auf beiden Bildern ist im Grunde dasselbe und auch alles zu sehen, im zweiten allerdings sehr viel deutlicher und detailreicher.

Ich gebe die Antwort auf den zweiten Teil der Frage mit den Worten Manfred Kybers, die in ihrer Kürze und Schönheit unübertroffen sind: *Man muss im Dunkel gehen, um die Sterne zu sehen.*

Wir müssen eben in jedem Leben aufs neue wieder »dumm« werden und ins Dunkle hinabsteigen, um die Motivation für den erneuten Aufstieg in Richtung Erleuchtung zu haben. Wir werden auch nur scheinbar dumm, die wichtigsten Erkenntnisse bleiben unterbewusst erhalten – und jedes Leben sollte uns, und das tut es in der Regel auch, am Ende ein Stück weiterführen als das vorherige.

Wir müssen in jedem Leben aufs neue wieder »dumm« werden und ins Dunkle hinabsteigen, um die Motivation für den erneuten Aufstieg in Richtung Erleuchtung zu haben.

Wenn wir die geistige Welt als unsere wahre Heimat begreifen, hat das noch einen ganz entscheidenden Effekt: Wir können allem, was uns in diesem Leben widerfährt, mit Gleichmut begegnen. Selbst die schlimmsten Ereignisse verlieren einen Großteil ihres Schreckens, weil wir wissen, dieses Leben ist ja nur ein kleiner Ausschnitt unseres wirklichen Daseins, und alle Probleme waren nur Lernschritte auf unserem Entwicklungsweg... Und je weiter wir vorankommen, um so stärker spüren wir die Verbundenheit mit allem, mit allen Menschen und allen Dingen in dieser Welt. Wir spüren, wir sind nicht nur ein Teil der Schöpfung, nein, die gesamte Schöpfung ist auch ein Teil von uns! Es gibt im Außen nichts, was wir nicht auch in uns selbst finden können. Deswegen heißt, sich selbst erkennen, auch Gott erkennen – und es bleibt ein verständnisloses Kopfschütteln, wenn du die Menschen in der Welt beobachtest, wie sie nicht müde werden, im Grunde immer nur gegen sich selbst zu kämpfen.

Diese Berge, Folco, diese Berge!

Eines Morgens hab ich dort oben auf dem Kamm einen Marienkäfer gesehen. Und hatte plötzlich das Gefühl, dieser Marienkäfer zu sein, Folco, nicht ein Elefant, sondern dieser Marienkäfer! Ich folgte ihm mit dem Blick, er krabbelte hierhin und dorthin, und schließlich gelangte er ans Ende eines Grashalms, breitete seine kleinen, samtigen Flügel aus und – hui! – flog er davon. Doch nicht etwa zu einem anderen Grashalm, ins Unendliche! Unter uns gähnte ein mehrere hundert Meter tiefer Abgrund, und dieser wunderbare kleine Kerl mit den glänzenden, gepunkteten Flügeln flog auf die Berge zu. Da, Folco, glaub mir, hab ich wirklich gespürt, dass mein Leben ein Teil von alldem war.

Gehst Du dann noch einen kleinen Schritt weiter, spürst Du, dass Du der Wind bist und dieser Marienkäfer, also dass Dein Körper...

Und so lebst Du weiter, genießt das Leben und bereitest dich vor.

*Dann ist nichts mehr schrecklich.**

Tiziano Terzani, *Das Ende ist mein Anfang*

* Tiziano Terzani erzählt dies seinem Sohn, während er im Endstadium seiner Krebserkrankung auf den Tod wartet.

17
»Deep Thought« was wrong...

Die Romantrilogie *Per Anhalter durch die Galaxis* von Douglas Adams ist ein Bestseller. Es handelt sich um eine absolut nicht ernstzunehmende, sarkastische, mit viel britischem schwarzem Humor gewürzte Science Fiction-Story. Dies waren für mich jahrelang die mit Abstand witzigsten Bücher, die ich je gelesen hatte. In dem Roman geht es auch um den Sinn des Lebens, um *Die Antwort auf die Frage nach dem Leben, dem Universum und überhaupt allem.*[18] Ein außerirdisches, menschenähnliches Volk baut, lange bevor unsere Erde existiert, den Supercomputer »Deep Thought« und gibt ihm den Auftrag, die korrekte Antwort auf diese Frage zu finden. Leider benötigt er ein klein wenig Zeit für die Berechnung... nämlich genau 7,5 Millionen Jahre! Als dann, nach Ablauf der Zeit, die Nachfahren der einstigen Erbauer vor den Computer treten, um endlich die Antwort zu erfahren, auf die Generationen und Generationen gewartet hatten, gab er diese auch. Die Antwort war: »42«.

Douglas Adams wollte (dies hat er in Interviews bestätigt) mit einer möglichst belanglosen Zahl einfach zum Ausdruck bringen, dass es keinen tieferen Sinn gibt. Salopp formuliert: *Lebe dein Leben so gut es geht, danach ist sowieso alles vorbei.* Dies ist leider eine weit verbreitete und sehr traurige Anschauung in unserer heutigen Zeit. Und sie ist falsch…

Nach etwa sechzehn Jahren meiner eigenen »Berechnungen«, biete ich nun den Versuch an (die Betonung liegt auf »Versuch«!), eine Antwort auf die große Frage zu geben. Ich übernehme dabei die Formulierung *von unbewusster Vollkommenheit über offensichtliche Unvollkommenheit zu bewusster Vollkommenheit* aus der Beschreibung der »Jesus-Parabel vom verlorenen Sohn« von Eckhart Tolle.

Der Mensch kommt aus dem zeitlosen Raum,
dem kosmischen Bewusstsein der Einheit und Vollkommenheit.
Er wird in der materiellen Welt, der Welt der Formen und der Polarität,
auf seine Reise geschickt.

Die Reise geht von »unbewusster Vollkommenheit« (Kindheit)
über »offensichtliche Unvollkommenheit« (Scheitern, Leid, Krankheit, »das Böse«),
hin zu »bewusster Vollkommenheit« (Selbsterkenntnis).[19]

Der Weg, den jeder Mensch gehen muss, freiwillig oder unfreiwillig (der unfreiwillige Weg ist ungleich beschwerlicher!), jede individuelle Erkenntnis bereichert am Ende die Einheit und trägt zur Vervollkommnung dieses Universums bei.

Das Ziel ist die Rückkehr in die Einheit,
welche die Liebe selbst ist –
die Einswerdung mit Gott.

At night, just before sleep, as you lay by yourself in the dark, how do you feel about yourself? Are you proud of your behavior?

Are you ashamed of your behavior?

You know in your heart if you have hurt someone – you know.

If you have hurt someone, don't wait another day before making things right. The world could break apart with sadness in the meantime.*

The Log Lady in David Lynchs TV-Serie *Twin Peaks*

* Nachts, kurz vor dem Einschlafen, wenn du ganz alleine im Dunkeln liegst, was fühlst du? Bist du stolz auf dein Verhalten? Schämst du dich für dein Verhalten? In deinem Herzen weißt du, wenn du jemanden verletzt hast – du weißt es. Wenn du jemanden verletzt hast, dann warte nicht einen Tag, um die Dinge wieder richtigzustellen. Die Welt könnte sonst in der Zwischenzeit vor Kummer auseinanderbrechen.

18
Liebe und Vergebung

Der Weg des Lebens eines jeden Menschen ist im Grunde die Reise vom kleinen, begrenzten und egoistischen »Ich« zu dem allumfassenden, unsterblichen und liebevollen »Selbst«. Jeder Einzelne beschreitet diesen Weg allerdings mit seiner eigenen Geschwindigkeit. Während einige sehr, sehr viele Inkarnationen benötigen, um zu Gott zu finden, schaffen andere dies wesentlich schneller. Indische Yogis benutzen dazu eine Technik, die »Kriya-Yoga« genannt wird.[20] Sie hilft ihnen, erheblich schneller, als normale Menschen dazu imstande sind, die karmischen Bindungen zu lösen. Der Begriff »Yoga« alleine bedeutet Vereinigung, gemeint ist die Vereinigung des individuellen Ich eines Menschen mit dem kosmischen Selbst. »Kriya-Yoga« umfasst eine ganze Reihe von Atemübungen, Körperübungen, Meditationstechniken und Verhaltensregeln für den Yogi, die, neben dem schnelleren Einlösen des Karmas, insbesondere das Erreichen eines *Samadhi,* das direkte und verzückende Erlebnis des Gottesbewusstseins zum Ziel haben.*

Sowohl für den indischen Yogi wie auch für alle anderen Menschen auf der Welt, die ihre Aufgabe in diesem Universum erkannt haben, ist eines am allerwichtigsten: die Liebe.

* Weitere *Samadhi* zu erleben ist aktuell auch das wichtigste Ziel in meinem Leben. Das Erlebnis, welches ich im Kapitel »Mein Erwachen« beschrieben habe, war ein Samadhi.

Die Liebe ist der Schlüssel, sie ist die stärkste Kraft in der gesamten Schöpfung. Und sie geht einher mit Vergebung; wir vergeben denjenigen, die blind ihrem Zorn folgen. Der einzige erfolgversprechende Weg, dem Hass, der Wut und dem Zorn in dieser Welt zu begegnen, ist die Liebe. Jegliche Gegenwehr führt nur zur Eskalation der Gewalt, die täglichen Nachrichten im Fernsehen zeigen das sehr anschaulich! Erst seit kurzem verstehe ich wirklich den Sinn in der Lehre Gandhis, die völlige Gewaltfreiheit propagiert, oder die Worte Jesu, der sagte, wenn man geschlagen wird, solle man auch die andere Wange hinhalten. In der größtmöglichen Verzweiflung und im größten körperlichen Schmerz, den man sich nur vorstellen kann, spricht er am Kreuz über seine Peiniger die beeindruckenden Worte: »Vergib ihnen Herr, denn sie wissen nicht, was sie tun.«

Die Liebe ist die stärkste Kraft in der gesamten Schöpfung.

Wie ist es möglich, in Situationen in denen man von einem anderen Menschen beleidigt oder sonst irgendwie angegriffen wird, nicht aggressiv zu reagieren und sich noch nicht einmal verletzt zu fühlen? Das Geheimnis liegt in dem Bewusstsein unseres unsterblichen Selbst. Nur unser kleines Ich mit seinem Ego kann verletzt werden. Wenn wir des Selbst gewahr sind, kann uns der »Gegner« nichts anhaben.[21] Seine Aggression fließt einfach durch uns hindurch. Wir erkennen durch das aggressive Handeln seine eigene Unbewusstheit und sehen den langen Weg, den er noch vor sich hat. Das Resultat ist Mitleid und Mitgefühl. Anstatt uns auf eine aggressive Gegenwehr einzustellen, empfinden wir Mitleid mit ihm. Sanftmut und Verständnis sind die Verbündeten, die uns helfen, den eigenen Zorn gar nicht erst entstehen zu lassen. Paramahansa Yogananda, einer der am Anfang dieses Kapitels erwähnten indischen Yogis, schreibt über seinen Guru Sri Yukteswar: *Ich habe oft gedacht, dass mein majestätischer Meister mit Leichtigkeit ein Kaiser oder berühmter Feldherr hätte werden können, wenn er nach Ruhm oder weltlichen Errungenschaften getrachtet hätte. Stattdessen hat er es vorgezogen, die innere Festung des Zorns und des Egoismus zu stürmen, durch deren Fall der Mensch seine wahre Größe erlangt.*[22]

Um diese Sanftmütigkeit und das Verständnis für andere zu erlangen, können wir zunächst einmal alle Menschen, die wir als unsere Feinde bezeichnen oder zumindest als unliebsam oder unangenehm empfinden, näher kennenlernen. Wir stellen dann meistens fest, dass wir offenbar vorschnell geurteilt haben. Vieles am Verhalten einer bestimmten Person ist auf einmal nachvollziehbar, erklärbar. Und wenn du nun einen kleinen Schritt auf diese Person zugehst, das heißt, wenn du nur ein wenig von deiner Gegenwehr aufgibst, der Person vielleicht in einem kleinen Detail Recht gibst, wird sehr wahrscheinlich eine Annäherung stattfinden. Mache einfach den ersten Schritt, es lohnt sich!

> Lass von der Ego-Dominanz los, und du stiftest Frieden in der Welt.

Lass ein wenig von der Ego-Dominanz los, und du stiftest Frieden in der Welt… Die meisten Probleme, die durch andere Menschen in dein Leben kommen, stellen sich im Rückblick (wenn du ehrlich zu dir selbst bist!) als wichtig und nützlich für deinen Lebensweg heraus. Wir bekommen nämlich immer die Probleme »in den Weg gelegt«, die für unsere Seelenentwicklung gerade benötigt werden.

Diese Erkenntnis sollte verdeutlichen, dass es eigentlich recht unsinnig, ja, sogar undankbar ist, auf die Verursacher böse zu sein. Allerdings gibt es selbstverständlich auch objektiv schlechte oder falsche Verhaltensweisen. Wenn Morde geschehen, wenn Kindesmissbrauch stattfindet, wenn Menschen gefoltert werden, wenn Menschen sogar diejenigen, die sie von Herzen lieben, verletzen – es gibt natürlich viele Situationen, in denen wir oder die Justiz eingreifen müssen und sollten. Es handelt sich in diesen Fällen um Menschen, die noch sehr weit unten auf der Leiter ihrer seelischen Entwicklung stehen. Und selbstverständlich muss ihrem Tun Einhalt geboten werden. Im schlimmsten Falle werden Verbrecher, die eklatant gegen die Grundwerte der Menschlichkeit verstoßen, auch nicht im Menschenreich wieder geboren, sondern gehen auf eine niedrigere Entwicklungsstufe zurück. Ich finde es recht tröstlich, dass wir davon ausgehen können, solche durch und durch vom Dunklen und Bösen korrumpierten Menschen (korrekt müsste man formulieren: solche völlig vom Licht und dem Guten abgewandten Menschen), wie beispielsweise Adolf Hitler es war, nicht wieder unter uns anzutreffen.

Zum Abschluss meines Büchleins möchte ich gerne kurz in Stichpunkten wiederholen, welche Kernaussagen mir wichtig sind – und ich hoffe, es ist mir gelungen, diese den geneigten Leserinnen und Lesern in meinen Ausführungen näherzubringen. Ich hätte bei den genannten Themen jeweils noch stärker ins Detail gehen können, habe mich allerdings dagegen entschieden, weil ich mein Buch kurz und übersichtlich halten und es, wie bereits erwähnt, als Einstiegslektüre verstanden wissen möchte.

- Unsere sichtbare, materielle und polare Welt, in der wir leben, ist nicht heil, und sie kann es niemals sein. Die Bemühungen aller Sozialarbeiter und Weltverbesserer sind ehrenhaft in ihrer Absicht, können aber niemals zum erwünschten Ziel führen. Anstrengungen und auch Leid gehören zum Menschsein dazu – es würde sich sonst niemand auf die Suche nach unserer wahren Heimat begeben.
- Wir Menschen hier in Deutschland sind verwöhnt und undankbar. Wir sollten dem großen Wohlstand in unserem Land erheblich mehr Wertschätzung entgegen bringen und erkennen, welches Glück wir haben, in dieser Zone der Erde leben zu dürfen.
- Wir *sind* unsterbliche, geistige Wesen, und wir *haben* einen Körper. Wenn dieser Körper stirbt, verbleiben wir bei vollem Bewusstsein in der jenseitigen Welt – bis wir in einem neuen Körper wiedergeboren werden.
- Aus vorgenanntem Grund müssen wir keine Angst vor dem Tod haben. Der Tod existiert, so wie unsere Gesellschaft ihn sieht, überhaupt nicht.
- Aus vorstehendem Grund sollte es uns auch etwas leichterfallen, mutig zu sein. Es ist wichtig, mutig zu sein!
- Sicherheit ist eine Illusion. Es kann in unserer materiellen und vergänglichen Welt keine Sicherheit geben. Das Sicherheitsdenken unserer Kultur schadet uns erheblich mehr, als es uns nutzt.

- Krankheit hat immer eine Botschaft. Es gibt keine zufälligen oder sinnlosen Krankheiten. Krankheit ist ein wichtiges (vielleicht sogar das wichtigste) Hilfsmittel auf unserem Weg.
- Es geht im Leben nicht um das Ansammeln von Geld und Besitz. Beides ist tatsächlich eher hinderlich auf dem Weg zum Heil.
- Aus vorstehendem Grund sollte es auch leichterfallen, einer beruflichen Karriere, die uns selbst oder anderen Leid zufügt, den Rücken zu kehren und nach einer befriedigenderen Tätigkeit Ausschau zu halten.
- Die stärksten Kräfte in diesem Universum sind Liebe und Güte. Wenn wir die Verbundenheit unter den Menschen spüren, können wir lernen, nicht mehr verletzt zu werden und auch unsere eigenen Ego- und Machtgelüste zu hinterfragen. Wir nehmen dann nicht mehr Teil an dem täglichen Kampf, der nur wegen Gier, verletzten Stolzes und Rechthaberei ausgetragen wird.

Als Buddha gefragt wurde, was Erleuchtung sei, antwortete er: »Das Ende allen Leidens.« Das ist das Ziel, wir sollen kein Leid mehr in diese Welt bringen. Deswegen müssen wir unser Ego gehen lassen – das ist allerdings der schwerste Schritt für die meisten Menschen!

Wenn wir des allumfassenden Selbst gewahr werden, diesen tiefen Frieden und die unendliche Liebe spüren, die aus der jenseitigen Welt kommt, wenn wir spüren, wie sehr wir von Gott geliebt werden und dass diese Liebe unvergänglich ist (selbst wenn wir sterben müssen!) – dann ist keine, wie auch immer geartete Katastrophe im Leben in der Lage, unser Glück zu zerstören. Es ist dann nicht nur unnötig, sondern sogar unmöglich, unglücklich zu sein.

> Wir sollen kein Leid mehr in diese Welt bringen.

Und alle Menschen, die dies spüren und erkennen, gehen als leuchtendes Beispiel voran. Wir können ein wenig Frieden bringen in diese verrückte Welt, die so arm geworden ist an Nächstenliebe und seelischer Wärme. Und du arbeitest mit an der meines Erachtens wichtigsten Aufgabe unserer Zeit: Den Menschen zu zeigen, dass sie ihre tatsächliche Heimat wiederfinden können. Du darfst ihnen vorleben: Der Weg zum Licht steht für einen jeden Menschen offen.

Epilog

Mir ist durchaus bewusst, wie schwer sich viele Menschen mit der Lektüre dieses Büchleins tun werden. Zum einen, weil es das für die meisten Menschen wichtigste Ziel im Leben, nämlich Karriere und so viel Geld wie möglich verdienen, in Frage stellt. Zum anderen natürlich, weil unsere Gesellschaft sich so weit von allem Spirituellen und Übersinnlichen entfernt hat. Besonders in intellektuellen Kreisen ist man sicher und aufgeklärt im materialistischen Denken verwurzelt, die Existenz einer spirituellen Welt wird gänzlich als Wunschdenken oder sogar als Wahnvorstellung abgetan – und das, obwohl diese geistige Welt ja sogar nach wissenschaftlichen Kriterien seit Jahrzehnten bewiesen ist, beispielsweise durch Hunderte von Tonbandprotokollen von Rückführungen in frühere Leben, die im Rahmen der Reinkarnationstherapie von Thorwald Dethlefsen und Rüdiger Dahlke durchgeführt wurden. Dabei wurden wiederholt auch die größten Skeptiker selbst mit ihren Vorleben bekannt gemacht. – Oder auch durch Menschen, die imstande sind eine »Astralreise« zu machen, das heißt, die ihren Geist vom Körper trennen können, um dann nur durch Willenskraft an jeden beliebigen Ort zu reisen, während ihr Körper wie ausgeschaltet solange reglos zurückbleibt, bis sie sich wieder mit ihm verbinden. Solche Menschen haben sich mehrfach in Tests an bestimmte Orte begeben und geforderte Informationen in Erfahrung gebracht, während Skeptiker den Körper der Person nicht aus den Augen ließen. – Oder auch durch Nahtoderfahrungen von Menschen aus der ganzen Welt, die sich durch ihre signifikanten Übereinstimmungen auszeichnen… Es gäbe noch eine Vielzahl weiterer Beispiele.

Wissenschaftler sollten eigentlich vorurteilsfrei an eine Sache herangehen, aber diese Beweise werden einfach ignoriert, weil nicht sein kann, was nicht sein darf. Den Glauben an eine spirituelle Welt überlässt man gerne den einfacher gestrickten Geistern, den etwas dümmeren Zeitgenossen – ach, wenn die intellektuellen

Atheisten doch verstehen würden, dass es sich genau umgekehrt verhält! Diese eigentlich so schlauen Menschen beweisen mit ihrer Borniertheit und Ignoranz eine geistige Kleinheit, die eigentlich nur traurig stimmen kann. Wenn sie wüssten, dass sie sich, solange sie ihre Haltung nicht ändern, nur mit einem kleinen Ausschnitt der Wirklichkeit zufriedengeben und dem Schönsten entsagen müssen: Sie werden nie diesen inneren Frieden und die überwältigende Freude des Seins empfinden können, Gefühle, die nur, wie Manfred Kyber sagt, die »Welt hinter der Welt« uns zu geben imstande ist...

Ich habe allerdings Hoffnung, dass sich immer mehr Menschen in absehbarer Zeit der Spiritualität öffnen. Ein Anzeichen dafür ist die aktuelle Beliebtheit und Präsenz solcher Weisheitslehrer wie etwa Eckhart Tolle, den ich hier herausragend nennen möchte. Sogar die Schulpsychologie hat ganz im Kleinen (und quasi gezwungenermaßen) begonnen, die Spiritualität zu entdecken. Therapeuten spüren in ihrer täglichen Arbeit sehr oft, dass in großen Lebenskrisen die Menschen mit dem Spirituellen in Kontakt kommen. Gerade durch große Krisen und Krankheiten lernt ja der Mensch das, was er vorher nicht wahrhaben wollte, was er verdrängt hatte.

Für mich haben sich in den letzten fünfzehn Jahren wirklich unglaublich viele Fragen über das Leben und über die Existenz der Menschen auf dem schönen Planeten Erde beantwortet – aber es bleiben leider auch noch einige offen. Die zwei brennendsten Fragen sind die folgenden:

- Sind wir Menschen allein in diesem gigantischen Universum?
- Können wir die uns drohende Ökokatastrophe noch abwenden?

In dem Science Fiction-Film »Contact« spielt Jodie Foster die Astrophysikerin Dr. Eleanor »Ellie« Arroway, die ihr Leben der Suche nach außerirdischer Intelligenz widmet. Sie ist absolut überzeugt, dass es diese gibt, und seit ihrer Kindheit ist sie angespornt durch den Ausspruch ihres Vaters: »Wenn wir die einzigen im Universum sein sollten, wäre das eine ziemliche Platzverschwendung.« Der Film basiert auf einer Story des amerikanischen Astronomen Carl Sagan und dreht sich in der Hauptsache um den Disput zwischen Wissenschaft und Religion. Er tendiert dann am Ende recht eindeutig zu einer atheistischen oder zumindest agnostischen Weltsicht. Bei Ellies Begegnung mit einem Außerirdischen, der in Form ihres verstorbenen Vaters erscheint, teilt dieser ihr mit: »Auf unserer Suche nach allem, was die Leere erträglich macht, haben wir nur eines gefunden… einander.«

»Contact« wurde 1997 gedreht, und als ich ihn 1998 in der deutschen Version gesehen hatte, war es sofort einer meiner Lieblingsfilme. Es war etwa ein Jahr vor meinem spirituellen Erwachen, und der Film entsprach exakt meinem damaligen Weltbild, alle Religionen seien die Erfindung der Menschen, um besser mit ihren Ängsten und der Leere umgehen zu können. Und ich war auch überzeugt davon, dass es andere, sogar zahlreiche andere Lebensformen im Universum gibt. Aufgrund der unglaublichen Größe des Alls ging ich allerdings davon aus, dass man sich einfach nicht »über den Weg laufen« würde, dies also auch niemals bewiesen werden könnte.

Und heute? Seit meinem spirituellen Erwachen und der absoluten Gewissheit, dass das von mir in diesem Buch skizzierte Weltbild wahr ist, bin ich an diesem Punkt nun verwirrt… Kann es sein, dass die materielle Welt und eben auch das komplette riesige Universum lediglich die Bühne ist, auf der wir (und nur wir) an unserem Seelenheil arbeiten? Oder gibt es im Universum noch einige andere »Kinder Gottes«, die wie wir aus dem Paradies verbannt wurden und nun auch daran arbeiten, wieder heil zu werden? In diesem Fall treffen wir vielleicht nach unserem Tod Lebewesen aus einer anderen Welt, Lebewesen, die im Diesseits Tausende von Lichtjahren von uns entfernt sind. Aber da im Jenseits Raum und Zeit keine Rolle spielen… – Verrückter Gedanke, oder? Wir können diese Fragen leider nicht beantworten. Möglicherweise sind wir die einzigen, die diesen Entwicklungsweg der Seele gehen, und das unvorstellbar große Universum ist nur eine Illusion, die eigens für uns erschaffen wurde. Vielleicht gibt es aber auch Tausende anderer bewohnter Welten oder das Universum dient noch einem anderen Zweck, der vollkommen außerhalb unserer Vorstellungskraft liegt.

Eines weiß ich allerdings ganz sicher: Unser physisches Leben findet hier auf der Erde und nirgendwo sonst statt! Hoffentlich wird dies in absehbarer Zeit einem größeren Teil der Menschheit bewusst, denn wer weiß, wie viel Zeit wir noch haben angesichts der uns drohenden Ökokatastrophe. Leider sind die Entscheidungsträger, die hochrangigen Politiker der Nationen dieser Erde, in den allermeisten Fällen auch durch einen ausgeprägten Hunger nach Macht in ihre Position gekommen. Und Machtgelüste sind immer ein Zeichen von Unbewusstheit. Dies bedeutet, die weltpolitisch wirklich wichtigen Entscheidungen werden, zu unser aller Leidwesen, nicht von weisen Menschen getroffen.

Wie ein Krebsgeschwür ein bestimmtes Organ zerstört, ohne das Bewusstsein, dass es sich am Ende (durch den Tod des krebskranken Menschen) auch selbst vernichtet, so zerstören wir durch unsere Unbewusstheit und unsere mangelnde Liebe diesen wunderschönen Planeten – das einzige Zuhause, das Menschen im Diesseits haben.

Ich habe allerdings eine große Hoffnung: Das Bewusstsein der überlebenswichtigen Notwendigkeit des Umweltschutzes wächst stetig in den Köpfen der Menschen, nicht nur durch spirituelles Erwachen, sondern auch durch pure Zukunftsangst. Und ab einem bestimmten Prozentsatz der Bevölkerung, die diese Notwendigkeit erkennt, ab einem bestimmten Schwellenwert, wird sich diese Erkenntnis rasant schnell durchsetzen und zum Allgemeinwissen. Dann werden endlich geeignete und drastische Maßnahmen zur Rettung der Erde zum Einsatz kommen. Ich hoffe, wir müssen nicht mehr allzu lange darauf warten.

Mein ganz besonderer Dank geht an Tanja.
Nicht nur für Tips, Anregungen und Kritik bei der Entstehung dieses Buches – viel wichtiger ist:
Sie hat in den vergangenen zehn Jahren ganz entscheidend dazu beigetragen, dass ich meinen Weg finden konnte.

Literaturverzeichnis

Belletristik

Adams, Douglas, *Per Anhalter durch die Galaxis*, Rogner & Bernhard, Hamburg 1981

Albom, Mitch, *Die fünf Menschen, die dir im Himmel begegnen*, Goldmann, München, 2004

Coelho, Paulo, *Veronika beschließt zu sterben*, Diogenes, Zürich 2000

Gilbert, Elizabeth, *Eat, Pray, Love*, Bloomsbury, Berlin 2006

dies., *Das Ja–Wort*, Bloomsbury, Berlin 2011

Hesse, Hermann, *Siddhartha*, Suhrkamp, Frankfurt a. Main 1953

Kyber, Manfred, *Die drei Lichter der kleinen Veronika*, Grethlein & Co., Leipzig 1929

Meyrink, Gustav, *Der Golem*, Leipzig 1915

Sachbücher

Betz, Robert, *Willst du normal sein oder glücklich?*, Wilhelm Heyne, München, 2011

Dahlke, Rüdiger u. Nicolaus Klein, *Das senkrechte Weltbild*, Hugendubel, München 1986

Dahlke, Rüdiger, *Das Schatten-Prinzip,* Arkana, München 2010

ders., *Der Mensch und die Welt sind eins,* Hugendubel, München 1987

ders., *Krankheit als Sprache der Seele*, Bertelsmann, München 1992

Dethlefsen, Thorwald, *Das Erlebnis der Wiedergeburt*, Bertelsmann, München 1976

ders., *Schicksal als Chance*, Bertelsmann, München 1979

ders., *Ödipus der Rätsellöser*, Bertelsmann, München 1990

ders. (Hsg.), *Gut und Böse*, Goldmann, München 1989

Dethlefsen, Thorwald + Rüdiger Dahlke, *Krankheit als Weg*, Bertelsmann, München 1983

Doubrawa, Erhard u. Stefan Blankertz, *Einladung zur Gestalttherapie*, Peter Hammer, Wuppertal 2000

Fritsche, Herbert, *Der große Holunderbaum*, Hummel, Leipzig 1939

Hutschnecker, Arnold A., *Der Wille zum Leben*, Non Stop-Bücherei, Berlin-Grunewald 1959

Kopp, Sheldon B., *Triffst Du Buddha unterwegs*, Diederichs, Düsseldorf/Köln 1976
Kübler-Ross, Elisabeth, *Über den Tod und das Leben danach*, Silberschnur, Neuwied 1984
Kyber, Manfred, *Einführung in das Gesamtgebiet des Okkultismus*, Union Deutsche Verlagsgesellschaft, Stuttgart 1925
Lommel, Pim van , M.D., *Consciousness Beyond Life – The Science of the Near-Death Experience*, Harper Collins, New York 2010
Lowen, Alexander, *Bioenergetik*, Rowohlt, Reinbek bei Hamburg 1979
ders., *Angst vor dem Leben*, Goldmann, München 1989
Moeller, Michael Lukas, *Die Liebe ist das Kind der Freiheit*, Rowohlt, Reinbek bei Hamburg 1986
Riemann, Fritz, *Grundformen der Angst*, Ernst Reinhardt, München 1961
Schenk, Amelie + Holger Kalweit (Hsg.), *Heilung des Wissens*, Goldmann, München 1987
Terzani, Tiziano, *Das Ende ist mein Anfang*, dva, München 2007
Tolle, Eckhart, *Jetzt! Die Kraft der Gegenwart*, J. Kamphausen, Bielefeld 2000
ders., *Eine neue Erde*, Arkana, München 2005
Walsch, Neale Donald, *Gespräche mit Gott*, Arkana, München 1997
Weltzien, Diane von, *Die Welt der Rituale*, Goldmann, München 1994
Willi, Jürg, *Die Zweierbeziehung*, Rowohlt, Reinbek bei Hamburg 1975
Yogananda, Paramahansa, *Autobiographie eines Yogi*, Otto Wilhelm Barth, Weilheim 1950
Zurhorst, Eva-Maria, *Liebe dich selbst und es ist egal, wen du heiratest*, Arkana, München 2004

Endnoten

1 Alexander Lowen, *Angst vor dem Leben*
2 Herbert Fritsche, *Der große Holunderbaum*
3 vgl. Thorwald Dethlefsen, *Ödipus der Rätsellöser*
4 entnommen aus der Textsammlung *Gut und Böse,* herausgegeben von Thorwald Dethlefsen
5 Thorwald Dethlefsen/Rüdiger Dahlke, *Krankheit als Weg*, S. 55ff
6 vgl. Thorwald Dethlefsen/Rüdiger Dahlke, *Krankheit als Weg*
7 Robert Betz, *Willst Du normal sein oder glücklich?, S. 41*
8 Eckhart Tolle, *Jetzt! Die Kraft der Gegenwart*
9 Erhard Doubrawa u. Stefan Blankertz, *Einladung zur Gestalttherapie*
10 Manfred Kyber, *Einführung in das Gesamtgebiet des Okkultismus, S. 22*
11 aus: *Autobiographie eines Yogi,* Paramahansa Yogananda, S. 108
12 vgl. Pim van Lommel, M.D., *Consciousness Beyond Life – The Science of the Near-Death Experience*
13 Eckhart Tolle, *Jetzt! Die Kraft der Gegenwart*
14 Gerhard Kunze, *Die kleine Geisterfrau*, entnommen aus *Heilung des Wissens* von Amelie Schenk und Holger Kalweit (Hrsg.)
15 vgl. Rüdiger Dahlke, *Das Schatten-Prinzip*
16 Claus Riemann, *Alter König – Neuer König, Seelenweisheit im Märchen*, Pustet, Regensburg 2007
17 vgl. Thorwald Dethlefsen, *Schicksal als Chance,* S. 268
18 Douglas Adams, *Per Anhalter durch die Galaxis*
19 vgl. Eckhart Tolle, *Jetzt! – Die Kraft der Gegenwart*, S. 112
20 vgl. Paramahansa Yogananda, *Autobiographie eines Yogi*
21 vgl. Eckhart Tolle, *Eine neue Erde*
22 Paramahansa Yogananda, *Autobiographie eines Yogi*, S. 175f

Hier ist ein Buch für alle Mens
das Gefühl haben, dass etwas
sich vom Leben schlecht beha
len; die denken, dass das Leben doch mehr zu bieten haben muss; die auf der Suche nach dem Sinn sind – sie alle sind angesprochen, hier einen Anstoß zu bekommen, um die Großartigkeit unserer Existenz zu begreifen.

NEUE ERDE

ISBN 978-3-89060-683-5

Sie finden unsere Bücher in Ihrer Buchhandlung oder im Internet unter www.neue-erde.de

Im deutschen Buchhandel gibt es mancherorts Lieferschwierigkeiten bei den Büchern von NEUE ERDE. Dann wird Ihnen gesagt, dieses oder jenes Buch sei vergriffen. Oft ist das gar nicht der Fall, sondern in der Buchhandlung wird nur im Katalog des Großhändlers nachgeschaut. Der führt aber allenfalls 50% aller lieferbaren Bücher.

Deshalb: Lassen Sie immer im VLB (Verzeichnis lieferbarer Bücher) nachsehen, im Internet unter **www.buchhandel.de**

Alle lieferbaren Titel des Verlags sind für den Buchhandel verfügbar.

Bitte fordern Sie unser Gesamtverzeichnis an unter

NEUE ERDE GmbH
Cecilienstr. 29 · 66111 Saarbrücken
Fax: 0681 390 41 02 · info@neue-erde.de

NEUE ERDE

Über den Autor

Ulli Quaiser, Jahrgang 1967, hat einige Semester Sozialarbeit studiert, eine kaufmännische Ausbildung und jahrelange Erfahrungen als Rockmusiker. Entdeckung der eigenen Spiritualität im Frühjahr 1999. Seit 2005 intensive Lektüre und Recherche zu den Themen Religion, Spiritualität und Psychologie. Sein Buch ist das Ergebnis von sechzehn Jahren Suche nach der Wahrheit. Ulli Quaiser hat eine erwachsene Tochter und lebt mit seiner Lebensgefährtin nahe Frankfurt am Main.